La manera diferente de (no) ir al banco

Más cómodo • Más seguro
Más rápido • Más fácil

YA NO HAGAS FILAS.
¡USALOS!

BBVA Bancomer

Fotografía: Éniac Martínez

l Camino Real de Tierra Adentro (antiguo "Camino de la Plata") fue la ruta que unió la capital de la Nueva España con la provincia de Nuevo México. Su traza, iniciada hacia el año de 1550, permitió la fundación paulatina de poblados que dieron origen a ciudades como Querétaro, Guanajuato, Aguascalientes, Zacatecas, Durango, Chihuahua, Paso del Norte (hoy Ciudad Juárez), así como Albuquerque y Santa Fe, más allá del río Bravo. Sus 2 mil kilómetros de extensión facilitaron la colonización de la "tierra ignota", habitada entonces por los indios apaches y zacatecos.

Vínculo del poblamiento en el norte del país, el Camino Real de Tierra Adentro -cuyos vestigios son hoy visibles en misiones, presidios, haciendas y establecimientos mineros-, fue el instrumento que permitió la actual fisonomía social y cultural del país más allá de la frontera mesoamericana.

El Camino Real de Tierra Adentro
una ruta con historia

CONACULTA · INAH

LAS
100 MARAVILLAS
DE MÉXICO

LAS 100 MARAVILLAS DE MÉXICO

Fernán González de la Vara

XII

Clío

Agradecimientos del autor
Mirna Medina, Victor Osorio, Keiko Teranishi, Ramón Viñas, Javier López, Juan
Antonio Soriano.

Agradecimientos de iconografía
Roberto Covarrubias, Ernesto Enkerlin Hoetlich, Raúl Estrada, Raquel Huerta, Jorge
Juárez Paredes, Vicente Martínez, Norma Rojas Delgadillo, César Sánchez, María del
Perpetuo Socorro Villarreal Escárrega.

Redacción: Fernando Barrios Cedeño
Investigación iconográfica: Germán Gómez López
Archivo y gestión: Carmen Cabrera
Coordinación de diseño: J. Francisco Ibarra Meza
Diseño de la colección: Álvaro Figueroa
Asistente de producción: Pablo Zepeda Martínez
Fotografía: Guillermo Aldana (GA), María de Lourdes Alonso (MLA), Óscar Álvarez (OA),
Edgar Anaya Rodríguez (EAR), Leticia Arriaga Stransky (LAS), Salatiel Barragán (SB),
Eduardo del Conde (EC), Claudio Contreras Koob (CCK), Álvaro Figueroa (AF), Fernán
González de la Vara (FGV), Gustavo Guevara (GG), María Elena Mezquita (MEMC), Jorge
Neyra Jaúregui (JNJ), Luis Miguel Robles Gil (LMRG), Luis Romero Cedano (LRC), Carlos
Sánchez Pereyra (CSP), Ramón Viñas (RV), José Antonio Soriano (JAS).

Fotografía portada: Textiles tradicionales del Mercado de Tlaxcala (FOTO: FGV)
Fotografías páginas preliminares:
   Portadilla: Dunas en Las Voladoras, Guerrero Negro, B.C.S. (FOTO: CCK)
   A la vuelta del índice: Puerta del Convento de Tejupam,
                Oaxaca (CNCA-INAH-MEX / FOTO: JAS)

El duodécimo tomo de *Las 100 maravillas de México*, de Fernán González de la Vara,
publicado por Editorial Clío y entreverado de aún más gratas sorpresas, noticias curiosísimas,
admiración y anhelo de conservar y restaurar, terminó de imprimirse en los talleres
de Impresora y Editora Infagón, S.A. de C.V., ubicados en Escobillera 3,
Col. Paseos de Churubusco, ciudad de México, en el mes de abril del año 2003.

~ÍNDICE~

BASÍLICA DE OCOTLÁN / CNCA-INAH-MEX / FOTO: CCK

~TLAXCALA~
LA ANTIGUA
TRADICIÓN

FOTO: MLA

Tlaxcala es el estado de menor tamaño de la República Mexicana, lo mismo que su capital y población tan pequeña. Estrictamente hablando, Tlaxcala no es mayor que una colonia promedio del Distrito Federal, y se puede cruzar de extremo a extremo a pie; además, no es una ciudad que pueda crecer, pues está rodeada de pueblos mayores que ella. Tlaxcala es un conglomerado de barrios, ciudades y zonas industriales que en conjunto forman una mancha urbana irregular en la que viven cerca de 200,000 personas. En un radio de siete kilómetros, a partir de la plaza central, hay al menos una docena de poblaciones distintas, cada una de ellas distinguible por una o dos iglesias. No es necesario hacer grandes recorridos, a veces basta sólo caminar unas pocas cuadras, o simplemente ir posando la mirada en los distintos campanarios para conocer un lugar con un nombre diferente.

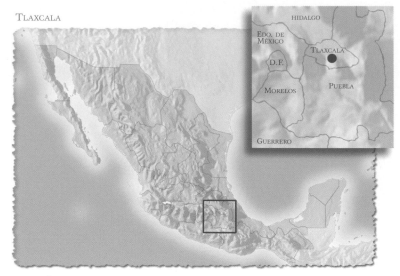

ILUSTRACIÓN DIGITAL: CARLOS GREEN

Vista del convento y templo de San Francisco, hoy catedral de Tlaxcala.

Tlaxcala ('lugar de tortillas', en náhuatl) ocupa un recodo entre colinas a la orilla del río Zahuapan. En una zona plana de aproxi-madamente un kilómetro cuadrado, se asentó originalmente la ciudad, rodeada de colinas, por las que las construcciones modernas han trepado hasta unirse con los poblados de las zonas elevadas. Difícilmente puede calificarse a Tlaxcala como una ciudad de aspecto colonial, pues la mayoría de sus edificios son recientes, y las pocas casas antiguas que permanecen en pie han sido acondicionadas como tiendas y oficinas. Tlaxcala es más bien una colección de lugares tradicionales, monumentos y zonas históricas dispersas entre un caótico urbanismo; sin embargo, entre las obras que componen esa colección hay joyas únicas del arte mexicano, interesantes ejemplos del arte mural prehispánico, algunas de las primeras construcciones religiosas hechas por los euro-

peos en la América continental, impresionantes muestras de la arquitectura y esculturas barrocas, y también un conjunto de tradiciones únicas y antiguas, recuerdos de otras épocas que han sobrevivido gracias a la tenacidad y resistencia de los tlaxcaltecas, un pueblo que sigue luchando por conservar su identidad y su orgullo al tiempo que asegura un modesto lugar en la historia.

Aunque los orígenes del pueblo tlaxcalteca no son aún del todo claros, entre sus raíces más antiguas pudieran encontrarse los toltecas chichimecas, grupos otomíes y los misteriosos olmeca xicalanca. Las crónicas indígenas también asocian a los tlaxcaltecas con las tribus nahuas que llegaron al centro de México al

Los altares prehispánicos de Ocotelulco y Tizatlán conservan interesantes pinturas murales, creadas poco antes de la llegada de los españoles.

mismo tiempo que los aztecas. En 1350 un grupo nahua establecería el primero de los cuatro señoríos de Tlaxcala: Tepetícpac. Pocos años después se fundarían Ocotelulco, Tizatlán y Quiahuiztlán, los cuatro localizados en cada una de las colinas que bordean la ribera occidental del río Zahuapan, al otro lado del centro de Tlaxcala. Cada uno de estos pequeñísimos reinos tenía su propio templo y palacio, contaban asimismo con importantes mercados a los que acudían decenas de miles de personas a decir de los mismos conquistadores, impresionados por la variedad de productos que ahí se vendían. Aunque cada señor contaba con su residencia local, había también un lugar de reunión en Tlaxcala, donde se discutían los asuntos concernientes al reino, o sea a los territorios dominados en conjunto por los cuatro señoríos. A diferencia de otros reinos no había un *tlatoani* o jefe supremo, sino un consejo de señores, un gobierno similar, según Cortés, a los principados de Génova y Venecia.

El reino de Tlaxcala era una zona densamente poblada desde la época indígena, una provincia "de muchos valles llanos y hermosos, todos labrados y sembrados sin haber en ellos cosa vacua". Pocos son los testimonios materiales que aún quedan de esos tiempos, pero no dejan de ser interesantes: en

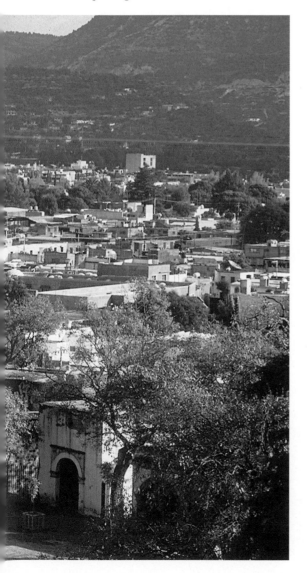

La mano de obra indígena interpretó de forma muy particular los símbolos heráldicos y religiosos de la Europa medieval.

Tizatlán, sobre una gran plataforma prehispánica en donde se construyó la iglesia del pueblo, se conserva un recinto con dos altares no mayores que una cama moderna, que en sus caras laterales plasmaron pinturas con la minuciosidad de un *tlacuilo*, como si se tratara de códices impresos en una pared. En estas pinturas es posible ver secuencias de calendarios, procesiones de dioses o serpientes emplumadas con escudos de guerra.

Un hallazgo reciente se ha realizado en Ocotelulco: un altar pintado con murales posclásicos —que recuerdan el estilo de los códices mixtecas— en el que se representa a Tezcatlipoca, dios que junto con Camaxtli —señor de la caza— eran los patronos sobrenaturales del pueblo Tlaxcalteca. Otros restos arqueológicos parece que se perdieron o que han sido olvidados, como los puentes indígenas de San Francisco Temezontla, dibujados por Dupaix en 1800, o la gran muralla que defendía el reino y que describió Cortés en 1519. Hay también algunos sitios que aún pueden ser recuperados, como Tecoac, donde se hallaron los restos de un *tzompantli* —altar formado con cráneos de españoles sacrificados y cabezas de caballos, que servía para atemorizar a los enemigos— que se ha recreado ahora en las instalaciones del Museo Regional de Tlaxcala.

No ha habido ningún otro suceso de mayor trascendencia en de la historia tlaxcalteca que el encuentro con Hernán Cortés y su ejército de conquistadores. Las consecuencias de la alianza forjada en 1519 afectaron definitivamente el destino de México y aún

Atlihuetzia fue uno de los primeros conventos construidos por los frailes franciscanos.

se resienten en el Estado de Tlaxcala. A principios del siglo XVI los cuatro señoríos estaban cercados por el poderoso imperio mexica, la gente tenía dificultades para conseguir mercancías como el cacao, la sal o el algodón, cuya producción estaba controlada por los aztecas. Con una bien merecida fama de guerreros, los tlaxcaltecas se enfrentaban periódicamente en batallas llamadas "guerras floridas", luchas cuyo objetivo principal era la captura de prisioneros para ser sacrificados en ocasiones festivas. Disminuidos en su gente y territorio a causa de los ataques de Moctezuma Xocoyotzin, los tlaxcaltecas reciben a Cortés como un aliado después de dos escaramuzas en su frontera oriental. La caída de la Gran Tenochtitlan, orgullosa capital de los aztecas, sólo fue posible con la ayuda de numerosos ejércitos indígenas que se volvieron en contra de sus dominadores. Con la adición de los grupos tlaxcaltecas el ejército español obtuvo 100,000 guerreros, además de comida, alojamiento y un territorio seguro. A cambio de la alianza y del hecho simbólico de aceptar el bautismo, los señores tlaxcaltecas conservaron parte de su poder y numerosos privilegios durante la Colonia: se les eximió del pago de impuestos a la Corona, tenían sus propios escudos de armas, el derecho a poseer caballos y explotar

minerales, lo que estuvo prohibido para los demás indígenas de la Nueva España.

Aunque en la ciudad se establecieron autoridades españolas, la mayoría de las decisiones se tomaban en el poderoso cabildo indígena de Tlaxcala. En la primera mitad del siglo XVI, en una época marcada por la confusión de la Conquista, Tlaxcala era un lugar relativamente seguro y floreciente, que contaba con un hospital, un título nobiliario y un escudo. Fray Toribio de Benavente, uno de los primeros misioneros de la Nueva España, notaba los adelantos: "Desde el año de 1537 hasta este de 1540 se ha ennoblecido mucho la ciudad, porque para edificar son ricos de gente y tienen muy grandes canteras de muy buena piedra. Ha de ser esta ciudad muy populosa y de buenos edificios, porque se ha comenzado a edificar en lo llano del río y lleva muy buena traza."

Al sureste de la naciente ciudad se alzaba imponente el templo y convento de la Asunción, erigido por los franciscanos sobre una serie de plataformas re-

Continúa en la pág. 888

El techo del templo de San Francisco está cubierto por un bello artesonado de madera, y es una las mejores muestras de arte mudéjar en México.

Vista del templo de San José. El barroco poblano —con sus característicos azulejos y sus molduras de estuco— fue muy popular en la Tlaxcala del siglo XVIII.

UNA CIUDAD COMPACTA

LA MENOR, Y QUIZÁ LA MÁS antigua de las capitales de México, es una gran colección de testimonios históricos concentrados en pocas calles. Basta cruzar el zócalo y subir al convento de San Francisco para admirar un jardín colonial, antiguas casonas y portales, templos barrocos, conventos del siglo XVI, una plaza de toros, además de tiendas de artesanías y restaurantes en los cuales se degustan platillos típicos con ingredientes indígenas. Caminando un poco más se llega también a la basílica de Ocotlán o a las ruinas de Tizatlán, pueblos absorbidos por la Tlaxcala actual.

LA FACHADA BARROCA y las torres del santuario de Ocotlán se consideran cumbres del arte barroco en Tlaxcala.

EL FRENTE DEL PALACIO MUNICIPAL de Tlaxcala tiene portones que datan de tiempos de la Conquista, aunque la fachada se construyó siglos después.

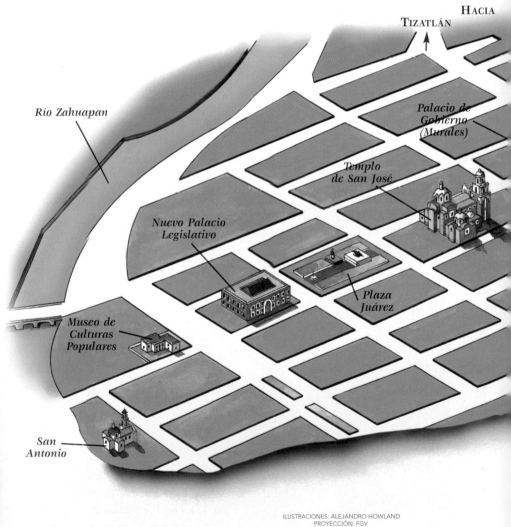

HACIA TIZATLÁN

Río Zahuapan

Palacio de Gobierno (Murales)

Templo de San José

Nuevo Palacio Legislativo

Plaza Juárez

Museo de Culturas Populares

San Antonio

ILUSTRACIONES: ALEJANDRO HOWLAND
PROYECCIÓN: FGV

MULTITUD DE DELICADOS
detalles adornan el
camarín de la Virgen,
anexo a la iglesia
del santuario de
Ocotlán.

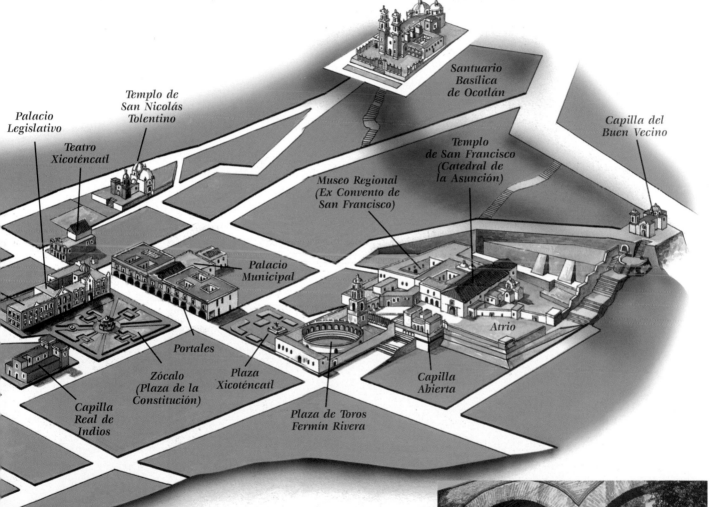

Santuario
Basílica
de Ocotlán

Templo de
San Nicolás
Tolentino

Palacio
Legislativo

Teatro
Xicoténcatl

Capilla del
Buen Vecino

Templo
de San Francisco
(Catedral de
la Asunción)

Museo Regional
(Ex Convento de
San Francisco)

Palacio
Municipal

Atrio

Portales

Zócalo
(Plaza de la
Constitución)

Plaza
Xicoténcatl

Capilla
Abierta

Capilla
Real de
Indios

Plaza de Toros
Fermín Rivera

SE CUENTA QUE en
la capilla abierta situada
al pie del convento de
San Francisco se bautizaron
los señores tlaxcaltecas.

La habilidad de los escultores y carpinteros tlaxcaltecas resulta evidente en los altares y retablos de la ciudad, así como en las máscaras que aún se utilizan en los carnavales.

En la plaza Fermín Rivera se siguen realizando corridas como se hacía en la época colonial.

cortadas al pie de una colina. Aun con los cambios y remodelaciones que ha sufrido esta construcción, es un muestrario de la primitiva arquitectura religiosa de México. En su alargado atrio, al que se accede por una rampa y un umbral de tres grandes arcos, se encuentran los restos de una capilla posa y una capilla abierta con nervaduras y arcos conopiales que nos recuerdan el arte medieval europeo. El conjunto conventual cuenta también con varios claustros y patios muy austeros, un enorme tejado y quizá el más bello de los alfarjes coloniales, un artesonado realizado en el más puro estilo morisco y decorado con estrellas doradas que convierten el techo cn una réplica del cielo nocturno. Aquí también es posible admirar el púlpito más antiguo de México, una estatua de Cristo que se presume que fue traída por el mismo Cortés, y la pila monolítica donde fueron bautizados Maxixcatzin, Xicohténcatl el Viejo, Citlalpopocatzin y Tlehuexolotzin, los cuatro señores de Tlaxcala.

En los alrededores de la ciudad también se construyeron varios conventos imponentes; entre ellos, el de Atlihuetzia se precia de haber tenido una de las naves más altas de México, y a pesar de encontrarse en ruinas su visita todavía deja una honda impresión. En Tepeyanco, Totolac y Chiauhtempan hay testimonios, aunque incompletos, de aquellas magníficas construcciones conventuales del siglo XVI. Una mención aparte se merece la pequeña capilla abierta de Tizatlán —hermana gemela de la de Tlaxcala— que hoy está semioculta detrás de una iglesia del siglo XIX. En esta antigua construcción se conservan pinturas murales que, en un estilo primitivo e ingenuo, narran algunos de los pasajes notables de la cosmovisión católica medieval, repleta de demonios y querubines.

A PESAR DE LOS PRIVILEGIOS otorgados y de la prosperidad inicial de la ciudad, los tres siglos del dominio colonial no fueron muy afortunados para Tlaxcala, desdeñada por los comerciantes españoles quienes no querían recibir órdenes de los indígenas. Las rutas comerciales se encaminaron a Puebla, que se convirtió en una gran ciudad que atraía entre otras personas a los artesanos tlaxcaltecas. Las

epidemias y hambrunas azotaron varias veces la ciudad en los siglos XVI y XVII, además sufrió varios terremotos, inundaciones e incendios de consideración. La disminución demográfica de los tlaxcaltecas se agudizó en 1600, cuando se firmaron las Capitulaciones de los colonos de la Chichimecatlalpan, tratado por el cual 400 familias tlaxcaltecas se comprometían a colonizar el norte de México al lado de los españoles. Nuevas migraciones a lo largo de la época colonial expandieron el área colonizada desde las sierras de Durango hasta Texas, con una importante concentración en los estados de Coahuila, Nuevo León y Tamaulipas. A pesar de sus penurias, Tlaxcala se las arregló para embellecerse y adoptar con todo vigor el espíritu barroco que invadió la segunda mitad de la era novohispana.

En el siglo XVII se inició la construcción de la basílica de Nuestra Señora de Ocotlán, dedicada a una aparición ocurrida en 1541 al indígena Juan Diego Bernardino. Alrededor de la imagen de la Virgen se levantó una de las obras maestras del arte barroco novohispano: la fachada del templo, estrecha y elevada, se encuentra limitada por dos altas torres decoradas con yesería de estuco;

en el centro de la fachada, la ventana del coro enmarca la estatua de la Virgen María, acompañada de arcángeles, apóstoles y los cuatro padres de la Iglesia católica, imágenes rodeadas por columnas estípite, volutas, roleos y motivos florales típicos del barroco popular mexicano. En el interior se destaca el altar principal que rodea a la imagen venerada de la Virgen, otra apoteosis de oros, florituras y santos que glorifican las imágenes de la Sagrada Familia. Los altares latera-

La historia se encuentra en cualquier rincón: en los murales del Palacio Municipal, pintados por Desiderio Hernández, o en las calles empedradas que llevan al convento de San Francisco.

les están dedicados a la Pasión de Cristo y a la virgen de Guadalupe, que en este templo son acompañantes de la imagen principal. Escondida detrás del altar encontramos el camarín de la Virgen, un lugar donde se preparaba la imagen para las procesiones y fiestas. El camarín está techado con una sola cúpula de planta octogonal recubierta de adornos y con imágenes de ocho teólogos marianos y 12 apóstoles que rodean el símbolo del Espíritu Santo.

El sol y la luna acompañados de arcángeles flanquean la entrada de una iglesia barroca en el poblado de Atlihuetzia.

Aunque la basílica de Ocotlán puede ser la iglesia más bella del estado, hay muchas otras en los alrededores de belleza singular. La iglesia de San Nicolás en Panotla es otra joya barroca con una fachada similar en forma, concepción y calidad a la de Ocotlán, con estípites y paneles ricamente decorados. Otra construcción notable es la parroquia de San José, en el centro mismo de Tlaxcala, con sus pilastras gigantes en las torres y sus ventanas de formas caprichosas; al igual que otras construcciones de la ciudad, su fachada fue recubierta con ladrillos y azulejos en el siglo XX. Aunque estas tres iglesias son las obras barrocas más celebradas de la región, hay otras que esperan ser descubiertas y que sorprenden al audaz. Así, encontramos la fachada de argamasa de la parroquia de Atlihuetzia; el elegante interior del templo de San Francisco, en Tepeyanco; las grandes escalinatas de Totolac; la capilla del Buen Vecino; los retablos de las capillas laterales adosadas al templo de la Asunción, en Tlaxcala, y el bautisterio de San Bernardino Contla.

Entre las obras civiles notables podemos admirar la larga fachada que une a los antiguos palacios de Gobierno, la Alcaldía y el Palacio Municipal, en donde los antiquísimos portones del siglo XVI fueron adicionados con balcones barrocos en el siglo XVIII, y el interior con varios murales del siglo XX en los que se narran los acontecimientos importantes de la historia tlaxcalteca. Otro caso único es la plaza de toros Fermín Rivera, que ha conservado su fisonomía casi sin cambios desde la época colonial.

El final de la Guerra de Independencia significó también el final de los privilegios, ya muy disminuidos, de la nobleza tlaxcalteca, y fue el comienzo de una lucha para recuperar su autonomía estatal, que logró hasta 1857, cuando Tlaxcala fue declarado finalmente un estado libre y soberano. Con el fin del siglo llegó un periodo de prosperidad económica que benefició a un sector menor de la población, los hacendados, propietarios de fábricas textiles y políticos al servicio del cacique Próspero Cahuantzi, quien gobernó por 20 años en la ciudad. La era de paz y progreso dejó su huella en el zócalo de la ciudad o Plaza de Armas, en los portales que lo rodean y en el Teatro Xicoténcatl, al que conviene entrar para admirar el decorado donde nueve musas elaboradas en el estilo *art nouveau* nos saludan desde los plafones.

Hace ya varios años que Tlaxcala se ha sacudido el estereotipo de ser la capital de un estado pobre y sobrepoblado. Hoy es una ciudad orgullosa, limpia y tranquila, que sigue recordando su historia con orgullo mientras defiende celosamente sus tradiciones, y va en camino de convertirse en un destino ideal para visitarse durante los fines de semana. Al notable catálogo de patrimonio histórico y artístico habría que sumar la herencia indígena que sigue viva, sobre todo en la comida tradicional. La cocina es sencilla y sabrosa, en la que predomina el uso de ingredientes conocidos desde la época prehispánica; el sazón único de los platillos tlaxcaltecas han convertido el centro de la ciudad en un destino popular y ahora son comunes los restaurantes de lujo. Habría que mencionar también el colorido de su carnaval el que se siguen danzando los bailes que los misioneros enseñaron a los tlaxcaltecas en el siglo XVI.

Tlaxcala, no obstante su industrialización, no ha dejado de ser un centro artesanal de primer orden en donde se fabrican bellas lozas y gruesos sarapes de lana, hermosas máscaras de madera, delicados bordados o resistentes bastones. Tlaxcala es todavía la sede de un inmenso tianguis —igual al que vio Cortés— en el que cada sábado se congregan miles de personas y se vende una infinidad de alimentos, plantas, raíces y semillas cultivadas en pequeñas parcelas rurales y que hoy son difíciles de hallar en otros mercados de nuestro país.

Tlaxcala cuenta ahora con paseos alrededor del río y dos modestos y admirables museos: el Museo de la Memoria, que resalta hechos históricos del estado, y el Museo Vivo de Artes y Tradiciones Populares, donde un grupo de artesanos enseñan a los visitantes todo el proceso de elaboración de las artesanías. Como complemento encontramos el Museo Regional, con piezas originales que se remontan a la época prehispánica, y el Jardín Botánico, en el cual se exhibe la flora local. Si la colección de atractivos culturales no fuera suficiente podríamos añadir las cascadas de Atlihuetzia y los bosques de la Malinche o Matlalcuéyatl, la diosa volcán,

~TULA~
EL REINO DE
QUETZALCÓATL

" **S**ólo digo que tulteca quiere decir hombre artífice; porque los de esta nación fueron grandes artífices, como hoy se ve en muchas partes de esta Nueva España y las ruinas de sus principales edificios como es el pueblo de San Juan Teotihuacán, en el de Tula y Cholula, y otras ciudades. Estos tultecas dicen que vinieron de la parte del poniente y que trajeron siete señores o capitanes. Y trajeron consigo muchas gentes, así de mujeres como de hombres y que fueron desterrados de su patria y nación...

ATLANTE TOLTECA,
MUSEO NACIONAL
DE ANTROPOLOGÍA /
CNCA-INAH-MEX / FOTO: FGV

JUEGO DE PELOTA OESTE Y PLAZA PRINCIPAL DE TULA GRANDE / CNCA-INAH-MEX / FOTO: FGV

ILUSTRACIÓN DIGITAL: CARLOS GREEN

Los Atlantes, emblema
de la antigua capital
de los toltecas.

CNCA-INAH-MEX / FOTO: GA

escrito en el siglo XVI por el cronista Fray Juan de Torquemada, es uno de varios que hablan de la historia del imperio Tolteca, uno de los primeros pueblos prehispánicos cuyos reyes aparecen citados en crónicas detalladas como el Códice Florentino, los Anales de Cuauhtitlán, la Historia de los mexicanos por sus pinturas y los escritos de Alva Ixtlixóchitl, Motolinía, Muñoz Camargo y Fray Bernardino de Sahagún. Todas estas obras crearon la leyenda de Tula y los toltecas, una historia gloriosa adoptada por los aztecas como parte de su origen, el origen de la nación mexicana.

La leyenda de los toltecas se complementa con los datos obtenidos durante décadas por los arqueólogos que han excavado la antigua capital de Tula Xicocotitlan, al sur del actual Estado de Hidalgo. Esta con-

Salieron de su patria, llamada Huehuetlapalan, el año que ellos llamaban Ce Tecpatl y anduvieron ciento cuatro años vagando por diversas partes de este Nuevo Mundo hasta llegar a Tulancingo... Y la primera ciudad que fundaron fue Tula, a doce leguas de ésta de México a la parte del norte." El relato anterior,

junción de fuentes históricas y arqueológicas, lejos de aumentar nuestra comprensión del pasado, han contribuido a generar una polémica y una confusión tal que no se ha resuelto todavía. Incluso en el siglo XVIII las contradicciones entre las distintas crónicas desesperaron a varios sabios, que llegaron a compartir la opinión del insigne jesuita Francisco Javier Clavijero: "La historia de la primitiva población de Anáhuac es tan obscura y está tan alterada con tantas fábulas que es imposible atinar con la verdad." Dos siglos y medio después se sigue discutiendo sobre la verdadera historia de Tula y los toltecas, y aunque todavía no existe un consenso entre los investigadores, nuevas formas de interpretación de las fuentes históricas y de los datos arqueológicos van aclarando el panorama.

El cerro Xicoco permitió identificar a la Tollan Xicocotitlan, citada en fuentes históricas, con las ruinas de Tula de Hidalgo.

EL ORIGEN MÍTICO DE TULA se remonta al siglo IX de nuestra era, con la llegada de Mixcóatl al centro de México. Casado con Chimalmá, una mujer de origen sureño, Mixcóatl engendra en Morelos a Ce Ácatl Topiltzin, un gobernante y sacerdote que adoptó el nombre y la personalidad del dios Quetzalcóatl. De acuerdo con algunas crónicas, Ce Ácatl se estableció en Tula en el 883 d.C., iniciándose con ello una era de esplendor que se interrumpe después de abandonar la ciudad junto con sus seguidores en el año 895 d.C.

Este breve periodo se describe como una época de riqueza y esplendor, en la que florecen las artes, la astronomía y la medicina. Se decía entonces que el maíz crecía tan grande que las mazorcas se abarcaban con los brazos, que el algodón florecía de diversos colores y las matas de amaranto eran tan grandes como árboles. En el centro de la ciudad había dos palacios, uno de ellos cubierto con plumas preciosas y otro con oro, plata, conchas marinas y piedras de jade. Se cuenta que también había un templo con columnas en forma de serpiente y un muro de serpientes emplumadas.

Sin embargo, esta época de prosperidad también lo fue de conflicto interno. Los toltecas nonoalcas, seguidores de Quetzalcóatl y de origen otomí, se enfrentaron a los toltecas chichimecas, un grupo de lengua náhuatl dirigido por su dios sacerdote Tezcatlipoca. El conflicto aparece en las crónicas como una serie de engaños y portentos sobrenaturales que causan desgracias en la ciudad de Tula, lo que provoca la expulsión de Ce Ácatl Topiltzin Quetzalcóatl y su exilio hacia el oriente, a la tierra del negro y el rojo. La partida de Quetzalcóatl no significó el final de Tula, pues hubo varios reyes que gobernaron la ciu-

Continúa en la pág. 896

LAS DOS TULAS

LA ZONA ARQUEOLÓGICA DE TULA se extiende 13 kilómetros cuadrados y comprende centenares de montículos. Sólo unos cuantos han sido excavados y restaurados; la mayoría de ellos del conjunto de Tula Grande, en el extremo sur de la zona, donde se ha localizado gran parte de las pirámides y esculturas monumentales del sitio. Otros conjuntos aún sin restaurar tienen palacios y plazas que podrían contener la clave de la historia de la ciudad. Tula Chico, un conjunto abandonado después del siglo noveno, pudo haber sido el palacio de Ce Ácatl Topiltzin Quetzalcóatl, el primer gran soberano de los toltecas.

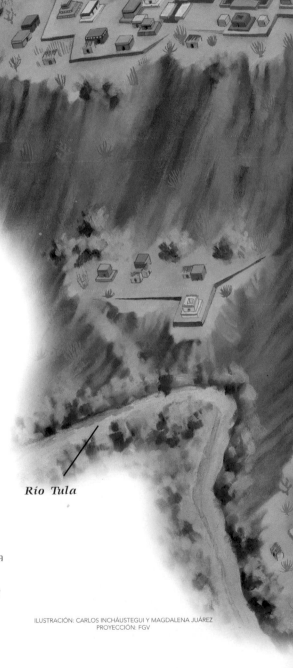

Pirámide de El Corral

TULA CHICO

Río Tula

LAS CANCHAS DEL JUEGO de pelota acompañan a los palacios y templos importantes en la zona. Se conocen al menos tres en Tula Grande y dos en Tula Chico.

LA PLAZA CENTRAL de Tula Grande estuvo rodeada en parte por un corredor techado y sostenido por cientos de columnas.

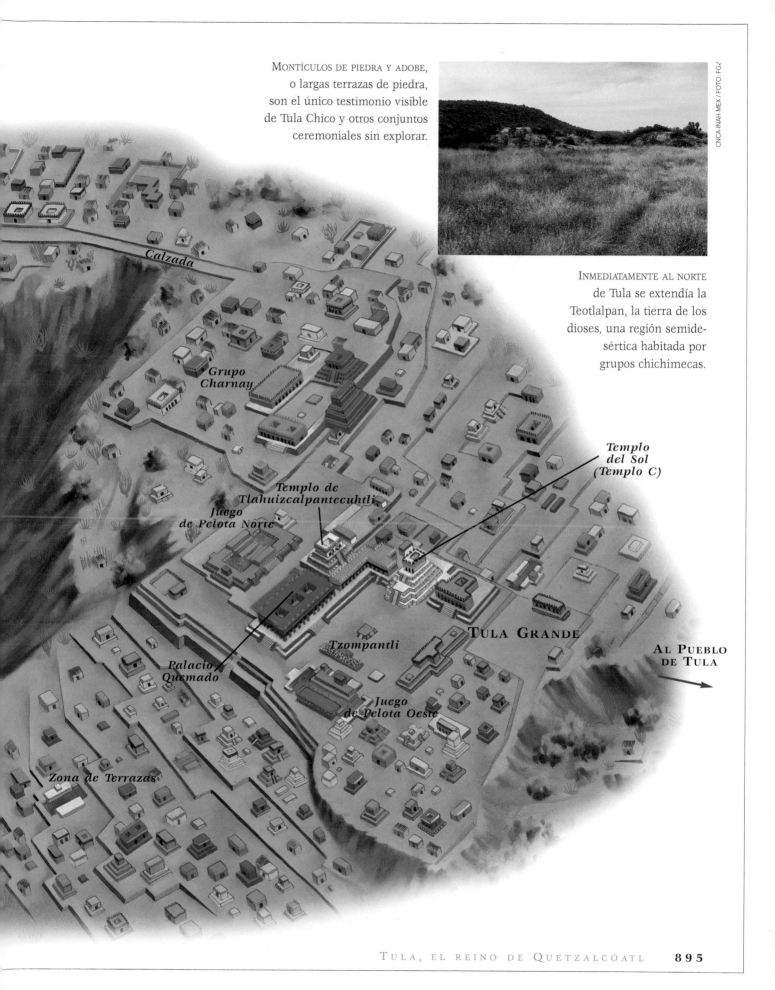

MONTÍCULOS DE PIEDRA Y ADOBE, o largas terrazas de piedra, son el único testimonio visible de Tula Chico y otros conjuntos ceremoniales sin explorar.

CNCA-INAH-MEX / FOTO: FGV

INMEDIATAMENTE AL NORTE de Tula se extendía la Teotlalpan, la tierra de los dioses, una región semide-sértica habitada por grupos chichimecas.

Calzada

Grupo Charnay

Templo del Sol (Templo C)

Templo de Tlahuizcalpantecuhtli

Juego de Pelota Norte

Palacio Quemado

Tzompantli

TULA GRANDE

AL PUEBLO DE TULA

Juego de Pelota Oeste

Zona de Terrazas

Para formar el pectoral de un antiguo guerrero tolteca se cosieron 1,600 piezas de conchas marinas.

Varios patios rodeados por columnas y cuartos son los restos del Palacio Quemado, situado al norte de la Plaza Central.

dad hasta el trágico reinado de Huémac, cuando un conjunto de enfermedades, sequías y derrotas terminan con la capital tolteca hacia el año 1070 de nuestra era. Con la llegada de nuevos grupos chichimecas comandados por Xólotl, los toltecas se dispersan y se reubican en el sur de Puebla, en los alrededores de Cholula y en Texcoco, donde fundan el reino de Acolhuacán, patria de Netzahualcóyotl, uno de los fundadores de la triple alianza, unión que haría renacer el imperio mexica. No obstante el abandono de la antigua ciudad de Tula, un importante señorío dominó la región hasta la llegada de los españoles, quienes levantaron en el siglo XVI un imponente convento al pie de las ruinas que seguían siendo visitadas, veneradas y saqueadas por los indígenas novohispanos.

Las ruinas de Tula Xicocotitlan fueron cayendo en el olvido, y aunque fueron visitadas por viajeros y curiosos a lo largo del siglo XIX, su fama se vio opacada por las ruinas de Teotihuacán, consideradas en ese entonces contemporáneas de los toltecas.

En aquellos tiempos comienza la polémica sobre cuál de esas dos ciudades fue en realidad la capital del imperio tolteca, la verdadera ciudad de Ce Ácatl Topiltzin cuya historia aparece en las crónicas indígenas. La situación era confusa pues había varias poblaciones antiguas que ostentaban el título de Tollan ('lugar de tules'), término que se usaba para describir ciudades y lugares muy poblados, de ahí que el término *tolteca* se equiparara con artista, sabio o simplemente con el ser civilizado. Fue hasta la década de 1940 cuando finalmente se identificó a la Tula de las fuentes con la Tula hidalguense. Fue fundamental en este descubrimiento la labor del historiador Wigberto Jiménez Moreno, que relacionó varios de los topónimos nombrados en las crónicas con lugares cercanos a Tula; así como las actividades arqueológicas de Jorge R. Acosta, quien inició la reconstrucción del centro ceremonial y descubrió numerosas esculturas. Los trabajos más recientes realizados en Tula y la región que le rodea, y en general en el Altiplano Central, apoyan con fuerza la hipótesis de Jiménez Moreno. Hoy no hay dudas sobre la coincidencia de la cronología cerámica y las fechas registradas en las cró-

nicas, la similitud del arte de los toltecas y aztecas, y el hecho de que ambos eran grupos que hablaban náhuatl. A pesar de las nuevas evidencias, las tesis que relacionan a la Tula de las fuentes con Teotihuacán no han muerto del todo; la razón más citada es que el relativamente pequeño centro ceremonial de Tula Xicocotitlan no corresponde a las grandiosas descripciones de la ciudad de Quetzalcóatl, y difícilmente podría ser considerado como la capital de un imperio que extendió su influencia a todos los rincones de Mesoamérica, e incluso más allá. Lo cierto es que durante el Posclásico Temprano, entre los años 900 a 1200 d.C., pocas ciudades eran comparables en magnitud y poderío a Tula, y que el estilo artístico que se desarrolló principalmente en esta ciudad se extendió a lugares tan lejanos como Sinaloa, Costa Rica o la península yucateca.

Los trabajos de los arqueólogos nos permiten reconstruir una larga secuencia histórica en la región de Tula, que comienza en la época Preclásica y culmina con la Conquista española. Varios siglos antes de nuestra era ya existían algunos poblados a orillas del río Tula. Hubo que esperar la época Clásica, entre los años 200 y 600 d.C., para que

se estableciera una colonia teotihuacana en el sitio de Chingú, una pequeña ciudad que explotaba la cal y que desarrolló un sistema de canales de irrigación, conjuntos residenciales, áreas de trabajo especializado, pirámides y patios hundidos. Al debilitarse el poder y prestigio de Teotihuacán, algunas regiones lograron independizarse de la metrópoli y desarrollar rasgos culturales propios. El Bajío pudo ser una de estas regiones, que además se fortaleció con la llegada de nuevos grupos procedentes del centro norte de México, posiblemente de los alrededores del sitio de La Quemada y de los Altos de Jalisco. Estos grupos de lengua náhuatl fueron conocidos como los tolteca chi-

El *coatepantli* ('muro de serpientes') rodeaba el templo de Tlahuizcalpantecuhtli, deidad que representaba a Quetzalcóatl como el lucero venusino.

Las estatuas reclinadas para recibir ofrendas y las banquetas con procesiones de guerreros, son dos rasgos distintivos del arte tolteca.

La Pirámide de El Corral, dedicada a Ehécatl Quetzalcóatl, es una construcción tardía, localizada cerca del centro de Tula Chico.

Cánidos, jaguares y águilas devorando corazones humanos decoran los paneles del templo de Tlahuizcalpantecuhtli, un monumento a la guerra sagrada.

chimeca y se encontraron en la región de Tula con los nonoalcas, herederos de la cultura teotihuacana. Las variaciones estilísticas que muestran las cerámicas de la época, conocidas con el nombre de *coyotlatelco*, indican que dos tradiciones se encontraron justo en la capital tolteca, una región antes considerada marginal y en la que se encontraban las tierras fértiles del centro de México con los áridos desiertos del norte. Estos dos grupos toltecas, portadores de la cultura coyotlatelco, construyeron una primera ciudad que hoy conocemos como Tula Chico, a un kilómetro de la Tula Xicocotitlan restaurada por los arqueólogos. La ciudad llegó a cubrir seis kilómetros cuadrados y contaba con un complejo plan urbano con plazas, pirámides, palacios, canchas de juego de pelota, calles, calzadas y terrazas. Varias de las esculturas halladas en este lugar ya mostraban algunas de los rasgos que iban a caracterizar el arte tolteca.

Tula Chico estuvo habitado entre los años 700 a 900 d.C., y podría ser la Tula de los seguidores de Quetzalcóatl, pues el sitio fue abandonado totalmente y un nuevo centro ceremonial fue construido en el siglo X. En Tula Grande, o la Gran Tollan, las imágenes representada en esculturas de piedra y objetos de barro, se refieren constantemente a actividades bélicas y a la práctica frecuente de sacrificios humanos, componentes esenciales de la religión de los grupos toltecas chichimecas. Durante el corto esplendor de la cultura tolteca, la ciudad debió dominar directamente el México central y el Bajío, con excepción del Valle de Toluca, habitado por los matlatzincas, etnia sobreviviente al colapso teotihuacano. Pero la influencia cultural de Tula se hizo sentir en todo Mesoamérica, y la capital de los toltecas llegó a ser tan prestigiosa que se convirtió en un lugar sagrado, donde las insignias de poder eran otorgadas a los soberanos de lugares tan lejanos como Guatemala y posiblemente Chichén Itzá.

Es probable que muchos de los poblados con nombre en náhuatl que ahora se encuentran en Centroamérica hayan sido el resultado de la presencia o influencia de grupos relacionados con los toltecas. Tal vez no es sólo una coincidencia que en Tula se hayan encontrado cerámicas plomizas del Soconusco, vasijas de la Huasteca y de la costa del Golfo de México, figurillas y cuen-

cos de Zacatecas y el occidente de México, objetos que indican la existencia de vastas redes comerciales por las que circulaban además turquesas de Nuevo México, cobre, oro, conchas del Pacífico y el Caribe, y piedras finas de Guerrero, Puebla y Oaxaca.

Aún no queda claro cómo es que los toltecas llegaron a dominar un imperio tan vasto en tan poco tiempo; tal vez la conquista de nuevos territorios se llevó a cabo por grupos de guerreros aliados con reinos lejanos que adoptaron su ideología bélica y algunos de sus símbolos religiosos. Es probable que estos conquistadores declararan sus triunfos como obra del imperio tolteca, al que sin embargo no le debían mayor lealtad que el respeto a sus dioses. De este modo creció enormemente la fama y el prestigio de la Gran Tollan, aunque la ciudad estuviera ocupada en problemas internos y no pudiera atender su vasto pero débil imperio. Nuevas tulas surgieron en otras regiones de México —Chichén Itzá y Mayapán, en la península yucateca; El Pueblito, en Querétaro; Zaculeu e Iximché, en Guatemala, y Ometepe en la lejana Nicaragua— y adoptaron el estilo arquitectónico y artístico de Tula, sus grandes columnatas con pilastras grabadas con guerreros, las banquetas en las que desfilan arqueros, columnas serpiente, altares de cráneos, esculturas de portaestandartes y Chac Mool, y escenas de águilas y tigres que devoran corazones humanos.

LA CAPITAL DEL IMPERIO no era tan modesta como lo indican los monumentos que recientemente se han restaurado. La ciudad se extendía 13 kilómetros cuadrados y tendría cerca de 30,000 habitantes. El centro de la ciudad comenzó a construirse siguiendo un plan muy preciso: una enorme plataforma de dos hectáreas de extensión y 10 metros de altura sirvió de base para la plaza principal, los palacios y los templos adyacentes. Al oriente de la plaza se construyó el Templo C, una estructura piramidal que pudo estar dedicada al culto solar, y que hoy se encuentra muy dañada por los saqueos sufridos desde el tiempo de los mexicas. Frente a esta pirámide, al poniente de la plaza, un gran juego de pelota complementa el espacio simbólico. Al norte se encuentra el templo de Tlahuizcalpantecuhtli, deidad guerrera simbolizada por Venus, el lucero de la mañana que acompaña al sol en sus batallas. Del interior de esta pirámide proceden las famosas esculturas de los "atlantes", columnas con forma de guerreros que tal vez sirvieron para sostener el techo del santuario. Detrás de los atlantes hay varias columnas esculpidas con símbolos bélicos e imágenes de guerreros. Tanto

CNCA-INAH-MEX / FOTO: FGV

La Pirámide de El Pueblito en Querétaro es un testimonio de la expansión de los toltecas.

CNCA-INAH-MEX / FOTO: FGV

El área que rodea el centro ceremonial de Tula ha sido protegida como reserva y parque nacional; en ella han encontrado refugio distintas especies de aves migratorias y plantas de clima semidesértico.

los atlantes como las pilastras se realizaron utilizando varios trozos de basalto que eran embonados por medio de un ingenioso sistema de espigas y huecos, al igual que los restos de dos columnas inconclusas que debieron tener la imagen de una serpiente emplumada. Las paredes de la pirámide estaban recubiertas con paneles de escenas que aludían sacrificios humanos, y estaba rodeada por un *coatepantli*, un muro de serpientes emplumadas y deidades de la muerte. Frente al templo había un amplio corredor, sostenido por columnas, que se comunicaba con el Palacio Quemado, un conjunto de cuartos organizados alrededor de tres pequeños patios rodeados de pilastras. Se cree que más que una residencia real se trataba de alguna especie de lugar de reunión y discusión de sacerdotes y jefes militares. En uno de los recintos del palacio se encontró un chaleco formado por más de 1,600 placas de concha rojiza, y un mosaico formado con miles de piezas de turquesa. Frente al palacio, al sur de la plaza, se encuentra una estructura alargada que aún no ha sido restaurada, así como un conjunto de cuatro montículos situados al suroeste de dicha plaza. Otra cancha de juego de pelota al norte de la plaza principal, un pequeño altar y varias estructuras menores hechas de adobes complementan el área que es generalmente visitada por los turistas.

Pero hay todavía mucho por descubrir en la zona: varias

CNCA-INAH-MEX / FOTO: FGV

En el siglo XVI los misioneros construyeron un impresionante convento que dio origen al actual pueblo de Tula.

unidades habitacionales se han excavado en los alrededores y muestran que en ellas había talleres especializados en la fabricación de cerámicas, esculturas y tallas de obsidiana. En los alrededores, los sitios de El Cielito, Magoni, Tula Chico y El Corral son ejemplos de los barrios o comunidades satélites de la Gran Tula, la ciudad situada al pie del cerro Xicoco, una montaña sagrada. En el sitio de El Corral se ha restaurado una pirámide semicircular, posiblemente dedicada a Ehécatl, dios del viento. En un adoratorio cercano se encontró una pequeña figura de un guerrero que sale de las fauces de un coyote emplumado; las plumas de éste fueron delicadamente formadas con trozos de conchas marinas.

Tula fue abandonada hacia el año 1200 d.C., pero su leyenda perduró como una de las raíces originarias del pueblo mexicano. Una visita a la capital de los toltecas en nuestros días podría decepcionar un poco: rodeada de fábricas, un tren de vía rápida y una enorme refinería. Las ruinas de Tula se ven empequeñecidas por los nuevos monumentos al progreso económico e industrial, progreso que amenaza con rodear el pequeño Parque Nacional que resguarda el centro ceremonial y una zona silvestre cubierta de una interesante colección de cactáceas silvestres que han logrado sobrevivir en este reducido santuario. No obstante, las rui-

---

LA TULA RECORDADA EN LAS FUENTES

LOS TOLTECAS, EL PUEBLO DE QUETZALCÓATL, eran muy experimentados. Nada les era difícil de hacer. Cortaban las piedras preciosas, trabajaban el oro, hacían toda clase de obras de arte, y maravillosos trabajos de pluma.

En verdad eran experimentados. El conjunto de las artes de los toltecas, su sabiduría, todo procedía de Quetzalcóatl.

Los toltecas eran muy ricos, no tenían precio los víveres, nuestro sustento. Dicen que las calabazas eran grandes y gruesas. Que las mazorcas de maíz eran tan grandes y gruesas como la mano de un metate. Y las matas de bledos semejantes a las palmas, a las cuales se podía

subir, se podía trepar en ellas.

También se producía el algodón de muchos colores: rojo, amarillo, rosado, morado, verde, verde azulado, azul, verde claro, amarillo rojizo, moreno y aleonado. Todos estos colores los tenía ya de por sí, así nacía de la tierra, nadie lo pintaba.

Y también se criaban allí aves de ricos plumajes: pájaros color de turquesa, de plumas verdes, amarillas, de pecho color de llama. Toda clase de aves que cantaban bellamente, de las que trinan en las montañas.

Y estos toltecas eran muy ricos, eran muy felices; nunca tenían pobreza o tristeza. Nada faltaba en sus casas, nunca había hambre entre ellos.

Extractos de los códices matritenses.

CNCA-INAH-MEX / FOTO: FGV

TEMPLO DEL BUHO, TZIBANCHÉ / CNCA-INAH-MEX / FOTO: GA

~TZIBANCHÉ~
LOS ORÍGENES DE
LA CULTURA MAYA

CNCA-INAH-MEX /
FOTO: EC

Las tierras bajas de la Península Yucateca son de las regiones del continente americano estudiadas intensamente por los arqueólogos. Hace más de siglo y medio que dicha región es visitada regularmente por investigadores y arqueólogos, quienes han descubierto centenares de ciudades y poblaciones perdidas en la selva. La cultura maya es también una de las civilizaciones antiguas que despierta más interés entre los buscadores de lugares misteriosos de todo el mundo, por lo que las publicaciones son numerosísimas y tocan casi cualquier tema respecto de la vida y gobierno de los mayas. A diferencia de otras culturas, el desciframiento de gran parte de la escritura jeroglífica ha abierto las puertas a nuevas interpretaciones acerca de la cosmología y forma de vida de los gobernantes y nobles.

TZIBANCHÉ

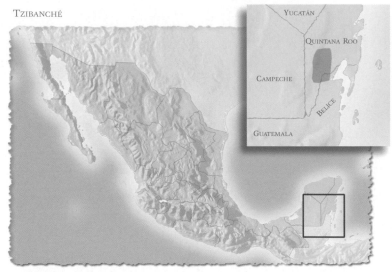

YUCATÁN

QUINTANA ROO

CAMPECHE

BELICE

GUATEMALA

ILUSTRACIÓN DIGITAL: CARLOS GREEN

Podría pensarse que en este momento queda poco por conocer acerca de los mayas, pero en realidad hay grandes lagunas e importantes preguntas que aún no se han resuelto. Todavía hay regiones enteras que no han sido recorridas sistemáticamente y es posible que aún puedan descubrirse nuevas ciudades, sobre todo en la zona central de la península yucateca. Por otra parte, las inscripciones sólo reflejan un punto de vista parcial, relacionado con ciertos momentos clave en la vida de los reyes, y eso únicamente en una veintena de sitios en los que se ha logrado descifrar las dinastías gobernantes. La mayoría de los sitios mayas

VISTA AÉREA DE KOHUNLICH / NCNCA·INAH·MEX / FOTO: MLA

carecen de inscripciones, ya sea porque nunca se esculpieron en piedra, o porque han sido destruidas por agentes naturales y humanos. No sólo hay zonas y ciudades desconocidas, también existen periodos de los que se sabe muy poco, especialmente aquellos que preceden a la aparición de las primeras inscripciones con fechas de la Cuenta Larga.

De acuerdo con la visión tradicional que se tenía de los mayas, su historia comenzaba alrededor del año 300 d.C., cuando aparecieron las primeras estelas fechadas. Antiguamente se conocían muy pocos edificios aislados, que habían sido descubiertos al ex-

cavar en algunas pirámides de la época Clásica. Los descubrimientos recientes muestran un panorama muy distinto: hoy sabemos que grupos mayas se habían asentado en las tierras bajas, al menos 1,000 años antes que aparecieran las primeras inscripciones, y que en ese periodo evolucionaron rápidamente de simples aldeas a colosales ciudades con algunas de las pirámides más voluminosas construidas por los mayas. Varias de estas ciudades tempranas fueron abandonadas siglos antes de aparecer los primeros registros escritos, y poco se sabe de ellas y su caída, a no ser por los colosales monumentos que dejaron.

Nuevas investigaciones arrojan cada vez más evidencias acerca del periodo Preclásico en la zona maya, de su extensión y de los rasgos estilísticos que la identifican. El Petén, la región norte de Guatemala, fue de las primeras zonas en donde se reconocieron los elementos distintivos de la arquitectura preclásica, aunque muchas de las características constructivas ahí halladas también se han encontrado en el norte de Belice y en el sur de los estados de Campeche y Quintana Roo. De tales características se destacan las pirámides con taludes de paredes remetidas, las esquinas redondeadas, las grandes cresterías macizas, los cuartos estrechos y

Dzibanché o Tzibanché ('madera escrita'), debe su nombre a varios dinteles de madera de chicozapote que sobrevivieron durante 1,000 años en el húmedo clima de la selva maya.

Kohunlich ('las colinas del corozo') fue un pequeño centro ceremonial del clásico temprano, que se ha hecho célebre por sus mascarones de estuco.

La riqueza biológica de las selvas y bajos que rodean Tzibanché, se encuentra amenazada por la expansión de las colonias agrícolas y ganaderas.

aportan prometen cambiar una vez más la visión que tenemos de los antiguos mayas, sobre todo en lo que concierne a sus orígenes. Durante mucho tiempo el lugar estuvo despoblado y fueron pocos los viajeros que lograron internarse en sus selvas y pantanos. Aunque la zona carece de montañas, incluso de colinas, hay algunos terrenos elevados separados por amplios terrenos propensos a la inundación o "bajos", impropios para construir ciudades o habitaciones permanentes, y que ocupan casi la mitad del territorio sur de la entidad quintanarroense.

Hay dos corrientes permanentes: al sur el río Hondo, que sirve de frontera con Belice, y al norte el río Escondido, una sucesión de bajos y pantanos conectados entre sí por zonas de pastizales entre los cuales fluye el agua. Además de la dificultad que implicaba atravesar los pantanos, la región estaba cubierta de densas selvas en las que habitaban algunos de los últimos pueblos mayas rebeldes, lo que desalentó la exploración tierra adentro.

En 1927 el explorador Thomas Gann descubre una inmensa ciudad de varias millas de extensión; contaba con varios templos abovedados y con dinteles de madera en los que se habían grabado jeroglíficos que datan del siglo v de nuestra era. Gann llamó a

los sistemas triádicos —compuestos de tres templos dispuestos alrededor de una pequeña plaza situada sobre una pirámide o una plataforma elevada. Otras características son los centros ceremoniales repartidos entre varios conjuntos monumentales, a veces comunicados por amplias calzadas; la construcción de grandes depósitos de agua y la decoración de las pirámides con enormes mascarones de estuco.

El sur de Quintana Roo es una de las regiones menos investigadas del área maya, y en ella se han encontrado rasgos de la arquitectura que antes se pensaba que era única del Petén. Son pocos los sitios que ahí se han excavado, pero los datos que

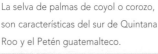

La selva de palmas de coyol o corozo, son características del sur de Quintana Roo y el Petén guatemalteco.

la ciudad Tzibanché —o Dzibanché—, que significa 'madera escrita' en la lengua de los mayas yucatecos. A pesar de su importancia, el hallazgo de Gann no modificó mucho la visión que los arqueólogos tenían de la zona sur de Quintana Roo como un área marginal y poco poblada.

Es hasta 1972 cuando comenzó a recorrerse sistemáticamente la región en busca de vestigios arqueológicos. Los estudios realizados mostraron una ocupación casi continua en las tierras elevadas, además de varios sitios de gran tamaño que se remontaban al periodo Preclásico y que pudieron ser cabeceras de antiguos reinos. Se hallaron también evidencias de "campos levantados", terrazas y otras obras de infraestructura agrícola que permitieron a los mayas explotar los bajos desde el inicio de su civilización. Lugares como Chacchoben, Uoomul, Margarita Maza, Tzibanché, Kohunlich, Resbalón o El Suspiro aparecieron como los principales centros urbanos o ceremoniales, ubicados dentro de una zona "rural", con casas y construcciones que ocupaban prácticamente todo el espacio disponible entre ciudad y ciudad.

Kohunlich, 'la colina de los corozos', fue la primera zona arqueológica excavada mi-

Escaleras jeroglíficas y estrechos cuartos techados con bóveda maya aún pueden verse en el centro de Tzibanché.

nuciosamente, restaurada y abierta al público. La zona se hizo célebre por el descubrimiento de una pequeña pirámide recubierta con varios mascarones colosales. Como sucede comúnmente en el sur de Quintana Roo, el hallazgo se debió a una denuncia de saqueo. Los trabajos para restaurar la pirámide se extendieron hasta abarcar la mayor parte del centro ceremonial, posiblemente la capital de un pequeño reino cuyo origen data del siglo II a.C. Entre los rasgos notables de esta pequeña ciudad se encuentra un antiquísimo sistema hidráulico, una gran cancha de juego de pelota, varias plazas rodeadas de templos, palacios y unidades habitacionales, además una gran plataforma o acrópolis en donde se cree que pudieron habitar los gobernantes del lugar.

En Kohunlich se han encontrado al menos dos estilos constructivos. El más tardío de ellos parece relacionarse en parte con la arquitectura de la vecina región de Río Bec, pues utiliza una decoración basada en paneles y pilastras redondeadas. El estilo más temprano tiene rasgos del estilo del Petén guatemalteco: esquinas remetidas y redondeadas, talud en "delantal", y las fachadas frontales decoradas con grandes mascarones de estuco.

Continúa en la pág. 908

Piezas de cerámica, objetos de obsidiana y rasgos arquitectónicos como el sistema de talud tablero, relacionan a Tzibanché con Teotihuacán.

El inicio del urbanismo Maya

L A REGIÓN SUR DEL ESTADO DE QUINTANA ROO, comparte con Belice y
el Petén algunos de los centros arqueológicos de mayor antigüedad en el área maya. Entre los rasgos distintivos de estas épocas
tempranas se destacan enormes pirámides con tres o más templos en
la parte superior, esquinas remetidas, cuartos estrechos y grandes mascarones modelados en estuco que recubrían las fachadas. Muchas de
estas ciudades parece que tuvieron algunos centros, cada uno con una
función diferenciada, a veces separados kilómetros unos de otros. La
población vivía dispersa, tal vez junto a sus campos de cultivo.

CNCA-INAH-MEX / FOTO: MLA

LAMAY CONSTA de una gran plataforma
y dos templos situados sobre un islotc
en medio de pantanos que se inundaban
periódicamente.

CNCA-INAH-MEX / FOTO: FGV

EL USO DE PANELES y pilastras
decorativas es parte de un estilo
arquitectónico característico
de esta región.

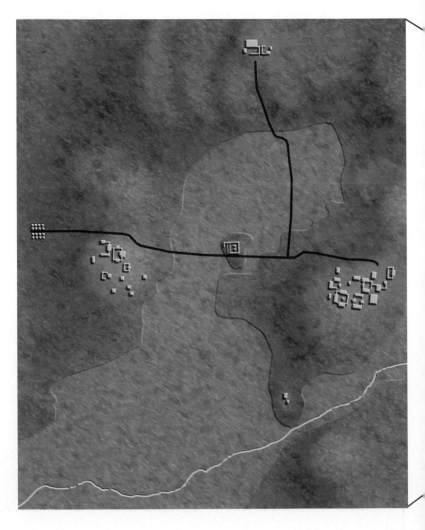

KOHUNLICH Y
CHACCHOBEN son
algunos de los sitios
que han sido
restaurados
parcialmente; las
investigaciones en
ellos continúan.

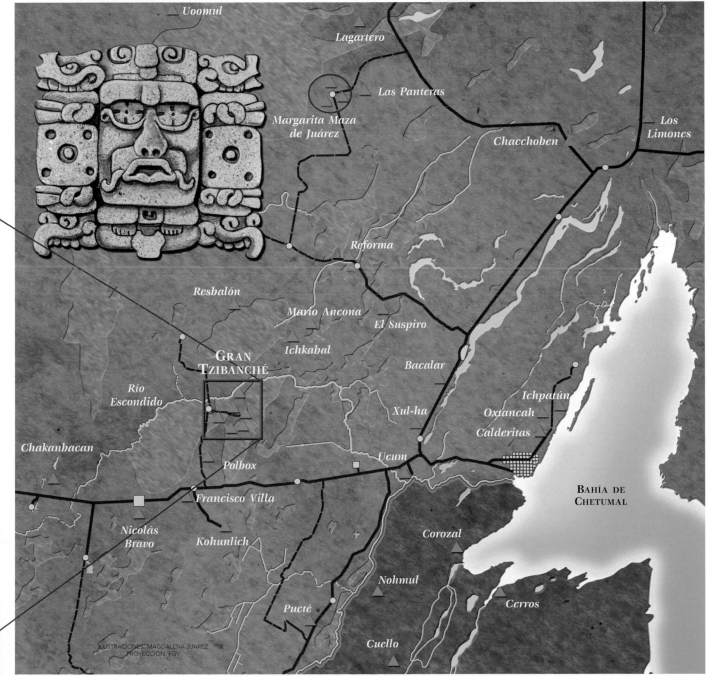

Uoomul

Lagartero

Las Panteras

Margarita Maza
de Juárez

Chacchoben

Los
Limones

Reforma

Resbalón

Mario Ancona

El Suspiro

Ichkabal

Bacalar

GRAN
TZIBANCHÉ

Río
Escondido

Ichpatún

Xul-ha

Oxtancah

Calderitas

Chakanbacan

Polbox

Ucum

BAHÍA DE
CHETUMAL

Francisco Villa

Nicolás
Bravo

Kohunlich

Corozal

Nohmul

Cerros

Pucté

Cuello

ILUSTRACIONES: MAGDALENA JUAREZ
PROYECCIÓN: FGV

so. Los mascarones se encuentran colocados en tres pares a los lados de la escalera principal. El par inferior muestra el rostro del sol que sale de las fauces de Itzamná, el monstruo cósmico. Los símbolos distintivos del sol son sus grandes orejeras, un único diente en forma de "T", las volutas que salen de su boca y los cuatro *Ahau-Can*, que indican el recorrido del sol hasta las cuatro esquinas del mundo. El sol lleva también dos borlas en la nariz y glifos *chuen* inscritos en el interior de los ojos. Este par de mascarones se encuentra sobre un friso decorado con puntos y diagonales opuestas, similar al que en varios sitios olmecas —como Chalcatzingo o Teopantecuanitlán— se utilizaron para indicar que se está en el mundo inferior; se trata, por tanto, del sol de la noche, el sol jaguar.

Los dos mascarones intermedios tienen características similares a los anteriores, pero se encuentran en un friso decorados con *quincunces*, un indicador de la parte central del cosmos, lugar que el sol recorre al amanecer o durante el ocaso. Los dos mascarones superiores son menores y no son antropomorfos. El rostro que aparece es el de un ave de pico grueso con el signo *kin* sobre su

La denuncia oportuna de un saqueo impidió la destrucción de los impresionantes mascarones del dios sol hallados en Kohunlich.

El friso de estuco —del que se desconoce su procedencia— que se conserva en la sala maya del Museo de Antropología, fue saqueado.

Desde su hallazgo, los mascarones de Kohunlich se hicieron célebres por su antigüedad —más de 1,500 años—, por su excelente estado de conservación y, sobre todo, por la riqueza de detalles simbólicos que nos dan una idea de la importancia que la deidad solar tuvo en las primeras ciudades mayas. Los seis mascarones de la pirámide son distintos entre sí aunque todos son representaciones del sol y de su tránsito por el univer-

frente. Es probable que represente el ave solar del mediodía, el pájaro mítico que moraba en lo alto del árbol cósmico, imagen del orgulloso y brillante sol antes de su descenso al mundo inferior.

Conforme se intensifican las investigaciones en el área maya, se han encontrado mascarones con rasgos muy parecidos a los de Kohunlich en diversas zonas del área maya, muchos de ellos asociados a construcciones preclásicas. La presencia de mascarones solares —con rasgos que recuerdan la iconografía olmeca— en Acanceh, al norte de Yucatán; Nakbé, El Mirador, Tikal y Uaxactún, en el Petén, y Cerros, en el norte de Belice, se presenta como una especie de "eslabón perdido" entre los misteriosos olmecas y la cultura de los primeros mayas.

Hallazgos recientes en el sureste mexicano nos señalan un nexo más estrecho entre las culturas maya y olmeca de lo que anteriormente se pensaba. Entre los descubrimientos encontramos los mascarones de El Tigre y Calakmul, pero sobre todo la gran pirámide de Chakanbakán, un enorme sitio preclásico situado en las inmediaciones del poblado de Caobas. Conocida como Nohochbalam —o el Gran Tigre—, la pirámide de

más de 30 metros de altura es una versión gigante del templo de Kohunlich. Consta de siete cuerpos y probablemente de 14 gigantescos mascarones de aproximadamente cuatro metros de altura. Por sus rasgos primitivos, estos mascarones debieron construirse cuando una inmensa ciudad se asentó alrededor de dos lagunas. Aunque la exploración de Chakanbakán recién comienza, el sitio podría convertirse en una de las claves para comprender los orígenes de la cultura maya. Por lo pronto, para asegurar su conservación se ha construido una reserva ecológica en los alrededores, y se prosigue con las investigaciones antes de que se abra al público.

Nuevas exploraciones en Kohunlich han descubierto residencias palaciegas dispuestas alrededor de patios cerrados.

La acrópolis de Kinichná ('la casa del sol') es un caso ejemplar de los monumentos construidos a principios del periodo Clásico.

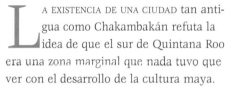

LA EXISTENCIA DE UNA CIUDAD tan antigua como Chakambakán refuta la idea de que el sur de Quintana Roo era una zona marginal que nada tuvo que ver con el desarrollo de la cultura maya.

En la misma región hay otro sitio, Tzibanché, que podría alterar nuestra concepción acerca de la organización sociopolítica de los mayas. En realidad debería de hablarse de un Gran Tzibanché, que consta de varios centros ceremoniales separados por varios kilómetros, pero unidos por numerosos restos de casas habitación. Otra característica poco común es que cada uno de los centros parece tener una función diferente y única: Kinichná es una antigua acrópolis dedicada al culto solar relacionado también con la muerte y resurrección de los gobernantes; el grupo Tzibanché debió ser el centro administrativo principal y lugar de residencia de reyes y nobles; Tutil, con sus grandes plazas y extrañas plataformas alargadas, pudo haber funcionado como mercado; del grupo central o Lamay —con una única e inmensa plataforma— y de Ka'tali —un pequeño grupo de construcciones al sur del grupo Tzibanché— aún se desconoce cual fue su función, pero seguramente era parte de la gran ciudad.

La ocupación del Gran Tzibanché se inició desde la época Preclásica, en el tercer o cuarto siglo antes de Cristo. Su construcción más antigua es la acrópolis de Kinichná, 'la casa del sol'. Kinichná es un ejemplo típico de los llamados "complejos triádicos". Los cinco templos de la acrópolis debieron estar cubiertos con imágenes modeladas en estuco, ya fuera al lado de las escalinatas o en sus altas y macizas cresterías. Se han encontrado ofrendas de jades y objetos cuyo estilo parece asociarse al lejano Teotihuacán. En el grupo Tzibanché, el más compacto y complejo, también hay construcciones pertenecientes al Clásico Temprano con rasgos arquitectónicos asociados al antiguo estilo del Petén. En un espacio poco mayor al kilómetro cuadrado hay al menos 30 grandes estructuras distribuidas alrededor de tres plazas. Entre dichas construcciones destaca por su altura el Templo I, o Templo del Búho, en el que se descubrió una tumba con cámara y escaleras similar a la encontrada en Palenque, pero construida con varios siglos de antelación. Del interior de la tumba se rescató una rica ofrenda con collares de jade y perlas, y varias vasijas de cerámica polícroma.

Otras tumbas de importancia se han hallado dentro del Templo de los Cormoranes (Edificio II), que sirvió también como enlace entre las Plazas Gann y Xibalbá. En esta última se levantaron sobre dos altas plataformas, situadas al norte y al sur, dos edificios alargados con numerosos cuartos, que pudieron ser palacios o bien salas de consejo utilizadas durante las reuniones de los señores que administraban los distintos centros de la ciudad.

Durante el Clásico Tardío el grupo Tzibanché debió controlar una amplia zona por medio de la fuerza. Las inscripciones e imágenes de cautivos en la escalera jeroglífica del Templo XIII indican, de algún modo, la conquista de ciudades cercanas. Es notable cierta influencia teotihuacana en el Tzibanché del Clásico, influencia que en el área maya se asocia a la guerra y la conquista. Aquí se han encontrado frisos de estuco enmarcados con animales acuáticos y estrellas de mar que recuerdan las pinturas de Teotihuacán. Igualmente, el Templo VI, o Templo de los Dinteles, se encuentra decorado con el tablero talud típico del centro de México. De esta pirámide proceden los famosos dinteles de madera que dan nombre al sitio.

No se sabe cuando se abandonó Tzibanché, ciudad que tiene una de las pocas fechas jeroglíficas asociadas con siglo x encontradas en el área maya; aunque tal vez no fuera evacuada del todo en la época prehispánica, pues entre sus ruinas se han encontrado varios incensarios posclásicos, señal de que la ciudad fue un lugar venerado hasta la llegada de los españoles.

Durante siglos toda la región sur de Quintana Roo fue un lugar prohibido. Muy pocos europeos se aventuraron a la espesura de la selva, habitada además por grupos mayas que conservaron su independencia hasta el siglo XIX. Después del abandono de las grandes ciudades mayas, poco cambió hasta la construcción de la carretera Escárcega Chetumal, eje de la caótica colonización sucedida en la región durante los últimos 30 años. Gran parte de la selva original ha sido talada para establecer zonas agrícolas y ganaderas; en este proceso las ruinas arqueológicas, antes protegidas por la selva, ahora se encuentran expuestas a la erosión, al maltrato del ganado y al saqueo en gran escala. Sólo la exploración continua de nuevos sitios podrá salvar el riquísimo patrimonio cultural que guarda la región. Por el momento es una carrera contra el tiempo con victorias y derrotas. Entre las victorias se cuenta la recuperación de importantes sitios, como Tzibanché, Chacchoben y Chakanbakán. Un ejemplo de las derrotas es la destrucción de nume-

~URIQUE~
LAS BARRANCAS DEL
RÍO FUERTE

" **E**n el país de los tarahumaras, esto es en el estado de Chihuahua, hay tres barrancas muy grandes llamadas Barranca del Cobre, Barranca de Batopilas y Barranca de San Carlos... las barrancas comienzan en el este muy insensiblemente, pero pronto se hacen más profundas, y antes de desaparecer en los bajíos de Sinaloa, alcanzan a veces kilómetro y medio de profundidad, sin guardar, por supuesto, igual anchura en toda su extensión, sino que poco a poco van abriéndose y perdiendo su escabrosidad al ensancharse... la Barranca del Cobre es conocida en su curso con diferentes nombres.

FOTO:MLA

BARRANCAS DE HUERACHI DESDE EL MIRADOR DE SINFOROSA / FOTO: FGV

ILUSTRACIÓN DIGITAL: CARLOS GREEN

Los valles en lo alto de la Sierra Tarahumara han sido ocupados por rancherías y pueblos pequeños.

de los inmensos cañones de Tarahumara; desde ese entonces, hace ya más de un siglo, comenzó una polémica acerca de la cantidad, la profundidad, la longitud y la superficie ocupada por los célebres barrancos del sur de Chihuahua.

Responder tales cuestiones ha tenido sus dificultades, debido principalmente a los problemas de definición a la hora de levantar las medidas, más que a la falta de mapas precisos. Un ejemplo es la Barranca del Cobre, el más famoso de los abismos de México; originalmente dicho nombre era aplicado sólo a un tramo del cañón excavado por el río Urique, entre Umirá y Divisadero, pero la celebridad del término ha hecho que se aplique de manera genérica a cualquier barranco situado en la porción chihuahuense de la Sierra Madre Occidental. Si limitamos nuestra descripción sólo a aquellos barrancos que aún son habitados por los indígenas tarahumaras, notaremos que a excepción del cañón del Conchos, que se une al río Bravo, todos forman parte de la cuenca del río Fuerte. El número total de barrancos

Cerca de la mina de Urique (nombre tarahumara para decir barranca) se llama Barranca de Urique, y en este punto su abierta sima tiene sobre 4,000 pies de profundidad. Aun los mismos misioneros jesuitas, con toda su intrepidez, desecharon la idea de bajar a ella, y los indios les dijeron que sólo los pájaros conocían la profundidad de aquel abismo." Fue Karl Lumholtz, un audaz explorador y etnólogo noruego, quien hizo las primeras descripciones sistemáticas

ALREDEDORES DE CREEL / FOTO: FGV

dentro de la cuenca aún no ha sido definido, y es necesario establecer diferencias.

Hay cuatro barrancos que podrían entrar en la categoría de gigantes, abismos con al menos una milla de profundidad y más de 100 kilómetros de longitud. Por su fondo corren los ríos Urique, Batopilas, Verde —o Guerachi— y Oteros. Hay una docena más de barrancos secundarios que superan el kilómetro de profundidad, y que resultan idénticos en su espectacularidad a los cuatro grandes y a veces se confunden con ellos, como es el caso de los barrancos de Témoris, Tararecua, Charuyvo o Munérachi. En la tercera categoría de barrancos —que incluiría cañones de al menos 400 metros de profundidad y más de 10 kilómetros de longitud— cabe medio centenar de ellos, que no por poco conocidos dejan de ser impresionantes, sobre todo por sus enormes paredes de roca. En este complejo sistema de cañones hay también centenares de cuevas, muchas de ellas con pinturas rupestres; asimismo, hay cientos de caídas de agua y una inmensa diversidad de ambientes naturales.

La longitud de las barrancas del sistema del río Fuerte es otra cuestión sin resolver: a vuelo de pájaro, los cuatro barrancos gigantes suman una distancia de 718 kilómetros, cantidad que se duplica al añadir los cañones secundarios, y que se cuadriplica

Los extremos climáticos en la sierra van de los 20 grados bajo cero, en invierno, a 40 grados sobre cero, en los ardientes veranos.

si consideramos también los barrancos menores. De manera independiente, el más largo de los barrancos es el de Huerachi, con aproximadamente 220 kilómetros de recorrido; y el más profundo es el de Urique, que casi alcanza los dos kilómetros de profundidad, medidos desde las cumbres de Yerbanís a 2,375 metros sobre el nivel del mar, hasta el pequeño rancho del Carrizal, apenas a 391 metros de altura.

Las barrancas del río Fuerte, al igual que el resto de los cañones de la Sierra Madre Occidental, comenzaron a formarse en la época terciaria, hace 40 millones de años. Un largo periodo de erupciones dejó una capa de lavas rioalíticas y cenizas volcánicas de casi tres kilómetros de grueso. Al ascender los estratos volcánicos, a causa de los movimientos tectónicos, fueron sujetos a fuertes procesos de erosión, que se vio acentuada por el clima. Las diferencias de temperatura crearon grietas en lo alto de las mesetas, grietas que crecían por la nieve, las lluvias y el agua de los arroyos. Las fuertes crecidas de los ríos de la época lluviosa arrastraban y fragmentaban inmensos bloques rocosos que eran reducidos a arena fina que terminaba depositada en el fondo del Golfo de California. Desde la perspectiva de los geólogos, no pasó mucho tiempo para que se formaran los inmensos abismos de la Sierra Tarahumara, sólo unos cientos de miles de años fueron suficientes.

Hasta hace 400 años la sierra chihuahuense era una tierra de fábula, una inmensa meseta cubierta por bosques que se extendían ininterrumpidamente por miles y miles de kilómetros, *Continúa en la pág. 916*

LOS MIL PAISAJES DE LA SIERRA

LA DIVERSIDAD DE ESCENARIOS QUE LA REGIÓN DE LOS
tarahumaras ofrece a los visitantes es inagotable:
extensas mesetas cubiertas con bosques, frescos
arroyos rodeados de rocas de siluetas caprichosas,
pintorescos valles, serenos lagos, cascadas y saltos,
paredones de roca. Sobre todos los paisajes posibles
se impone el sobrecogedor panorama de las
barrancas, abismos kilométricos, imposibles
de abarcar con la mirada o de ser entendidos
cabalmente con la imaginación. Destinada
a convertirse en una región turística de
primer orden, la sierra necesita que
primero sean resueltos los problemas
que dañan su entorno natural.

EL RÍO HUERACHI ha excavado la más
impresionante de las barrancas chihua-
huenses. Desde las alturas de Sinforosa,
el desnivel vertical es de 1,800 metros.

A LA ORILLA DE LOS CAMINOS,
los álamos pierden sus
hojas durante los meses
de invierno.

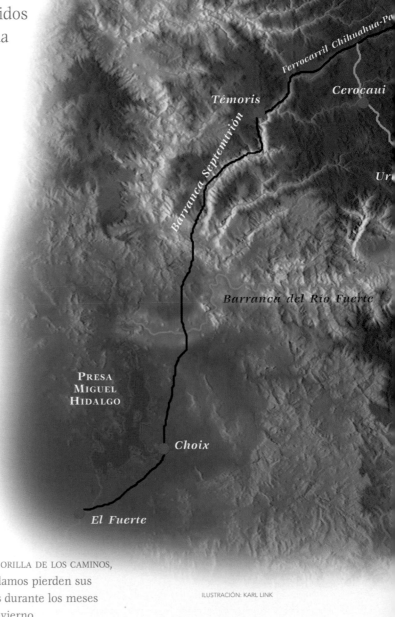

ILUSTRACIÓN: KARL LINK

PRÁCTICAMENTE EN CUALQUIER lugar de la sierra es posible encontrar formaciones rocosas, su origen se debe a la erosión de las blandas rocas volcánicas.

FOTO: JAS

FOTO: JAS

LA BARRANCA DEL COBRE, vista aquí desde Divisadero, es el abismo más conocido y accesible de la Sierra Tarahumara.

San Juanito

Creel

Arareco

Humirá

Barranca del Cobre

Carretera "Gran Visión"

Barranca de Batopilas

Aboreachic

Batopilas

Balleza

A Hidalgo del Parral

Barranca de Huerachi (San Carlos)

Guachochic

Sinforosa

Tenoriba

Baborigame

Los Loera

Río Verde

N

0   50   100
                    KM

FOTO: MLA

Las celebraciones rarámuri
de Semana Santa muestran
que las antiguas costumbres
apenas fueron alteradas por
los misioneros.

Lago Arareco, bello
espejo de agua en la
zona alta de la sierra.

FOTO: LRC

pos indígenas: túbares, varohios, guazapa-
res, témoris, conchos, tarahumaras y tepe-
huanos. Perfectamente adaptados a su entorno natural, los grupos humanos lograron
desarrollarse sin afectar el ambiente. Consi-
deraban a los animales como sus hermanos;
éstos les habían enseñado a bailar y cantar,
pues para qué cantaban los pájaros si no era
para invocar a los mismos dioses de los indígenas. La vida se regía por ciclos anuales
y por el interminable viaje del sol, la luna y
las estrellas. Los indígenas vivían dispersos
en el bosque, a veces en toscas casas de madera o piedra, aunque preferían ocupar las
cuevas y abrigos rocosos que abundaban a
la orilla de los ríos; las cuevas no sólo eran
más secas y cálidas, sino que también eran
más sólidas y ofrecían una protección frente a los animales y al ataque de posibles
enemigos.

Para transitar entre la fragosidad de la
sierra, los indígenas tarahumaras desarrollaron habilidades únicas. Los primeros etnó-
logos que los visitaron los recuerdan como
seres vigorosos y de una resistencia feno-
menal, hombres de una salud maravillosa,

con árboles gigantescos y densamente apiñados. Bandadas de pájaros carpinteros gigantes cruzaban la sierra derribando los árboles más antiguos, y en el fondo de las barrancas lobos y osos grizzly podían encontrarse frente a frente con jaguares y guaca-
mayas, y cada invierno las lagunas de la
sierra se cubrían por miles de ocas, grullas
y gansos procedentes de las orillas del
Océano Ártico.

La sierra era compartida por varios gru-

capaces de caminar con grandes cargas durante días enteros con tan sólo una pequeña ración de pinole y agua. Aficionados a todo tipo de juegos y deportes, los tarahumaras eran capaces de perseguir un venado hasta agotarlo o de cazar con una precisión asombrosa pequeños pájaros escondidos en lo alto de los árboles. Los tarahumaras se llaman a sí mismo *rarámuri*, palabra que literalmente puede traducirse como 'pie que corre' o 'pie veloz'. Para probar su vigor, los rarámuri jugaban carreras que duraban días enteros y en las que se recorrían cientos de kilómetros; para aumentar la dificultad, los punteros debían patear duras pelotas de madera con los pies desnudos.

Los tiempos idílicos de los tarahumaras terminaron con la llegada de los *chabotchi*, los hombres que tenían pelo sobre el rostro. Olvidada durante los primeros años de la Conquista, la Sierra Tarahumara fue explorada por los misioneros jesuitas hasta el siglo XVII; detrás de ellos entraron mineros y rancheros españoles, gente que fue vista como invasores de la sierra y explotadores de los indígenas. Su conducta prepotente causó re-

vueltas sangrientas en las que murieron también varios sacerdotes. Cerca de 40 misiones se fundaron en la Alta Tarahumara antes de que los jesuitas fueran expulsados de los dominios españoles en 1767. De ellas aún quedan las iglesias, construcciones de una austeridad extrema que se convirtieron en centros de reunión de los indígenas, lugares sagrados donde sus rituales ancestrales se mezclaron con el culto a las imágenes católicas, y en los que los "gobernadores" de la tribu resolvían disputas y daban sermones los días de fiesta. Las iglesias de misión, que en la mayoría de los casos eran apenas un cuarto con un sencillo campanario y algún santo en su interior, se convirtieron en el centro religioso de los poblados tarahumaras, y alrededor de ellas se siguen realizando danzas durante la Semana Santa, el día de la Virgen

El ganso de collar y la grulla canadiense pasan el invierno en charcas y lagunas.

Cualquier cañada de la Sierra Tarahumara rebosa de hermosos paisajes.

La Bufa, un centro agrícola
y maderero, es la entrada
principal a la zona serrana.

En las cercanías de Umirá,
el río Urique se interna en
la Barranca del Cobre.

de Guadalupe y en los días de los santos patronos. En lugares como Samachique, Guapalaina, Norogachi y Tehuerichi, estas danzas, antes prohibidas para los viajeros, son ahora un imán para los turistas.

Aparte de una breve cátedra católica, las misiones llevaron a la sierra nuevos cultivos y ganado caprino que ayudó a mejorar la dieta de los indígenas; pero fue la llegada de los animales de carga la que transformó para siempre la vida de los indígenas. Los caballos, mulas y asnos fueron el medio

que permitió la penetración de los blancos en interior de la sierra, lo que les dio la ventaja definitiva sobre los resistentes tarahumaras. Nuevos senderos recorrieron la sierra uniendo lejanos pueblos mineros del fondo de los cañones con la capital del estado. Urique, Batopilas, Uruachic y otros poblados se construyeron gracias a los materiales transportados a lomo de mula, incluso la pesada maquinaria para extraer oro y plata en el siglo XIX la cargaron estos esforzados animales. El caballo fue otro de los animales importantes que usaron los primeros viajeros y exploradores; éstos se encargaron de difundir la fama legendaria de la sierra, la cual trascendió en Europa y Estados Unidos, en donde se escribieron varias novelas y relatos que exaltan la grandiosidad de las montañas y la dificultad para recorrerlas. "Por primera vez ellos aprenderían que un verdadero sendero en la Sierra Madre es cuando el cielo y el infierno se conspiran contra el viajero", así B. Traven veía el todavía exótico y prohibido país de los tarahumaras.

A PRINCIPIOS DEL SIGLO XX el cambio llegó nuevamente a la sierra, esta vez con el ferrocarril. Con la llegada del "caballo de hierro" se inició la explotación de los bosques: gracias al tren se hizo rentable la transportación de grandes cantidades de madera e introducir maquinaria pesada; por ello aumentó el poderío e influencia de los rancheros blancos y mestizos. El tren provocó también la especulación y el despojo de las tierras de los tarahumaras y el desarrollo de enormes latifundios, desmembrados en parte después de la Revolución.

La idea de un tren que atravesara la Sierra Madre se debe a Robert Kinsey, un empresario utópico que planeaba crear una colonia socialista en la bahía de Topolobampo. Asociado con varios capitalistas y políticos —entre ellos Enrique C. Creel, gobernador de Chihuahua—, la compañía ferroviaria planeaba conectar la ciudad de Kansas con el Pacífico, para de ahí establecer un gran puerto que comerciara con Asia. En 1910 el ferrocarril se extendió un poco más adelante de la estación Creel, un importante centro maderero. La construcción se detuvo hasta los años cuarenta, cuando el gobierno mexicano compró la compañía y continuó con la construcción del ferrocarril en la parte más abrupta de la sierra.

Se necesitaron 20 años de dura labor para terminar de conectar las vías existentes. La vía férrea, concluida en su totalidad en 1961, se convirtió en una de las glorias de la ingeniería mexicana. Desde el entronque de La Junta a la ciudad de El Fuerte, hay un total de 268 kilómetros, con más de 85 túneles y 27 grandes puentes; para ello se tuvo que ascender hasta los 2,400 metros de altura y bajar casi al nivel del mar. El mayor de los túneles tiene casi dos kilómetros de longitud, y el más alto de los

FOTO: JAS

En las estaciones del ferrocarril es posible obtener sencillas artesanías elaboradas por los tarahumaras.

El Ferrocarril Chihuahua Pacífico es todavía la forma más cómoda de conocer los grandes barrancos de Oteros y Urique.

FOTO: FGV

puentes se eleva 60 metros por encima del cauce del río Chínipas.

El viaje por tren no tuvo el impacto económico esperado, pero se convirtió en un atractivo turístico de primer nivel. En la década de los setenta el viaje por el Chihuahua Pacífico era todavía un paseo por el "país de los tarahumaras", una región distinta a todo lo que se conocía de México: el camino a la sierra cruzaba por trigales y huertos de manzanas cultivados por grupos menonitas, gente rubia de lengua alemana que había establecido colonias alrededor de Ciudad Cuauhtémoc en 1922. Al ascender el aire se hacía más puro y frío hasta enrojecer las mejillas de los viajeros, y el tren se internaba entre bosques nevados que no parecían tener fin. Las poblaciones cercanas a las vías del ferrocarril eran sólo una colección de cercas y casas de madera en medio de plácidas praderas a la orilla de un arroyo de aguas cristalinas. Conforme se avanzaba hacia el oeste los arroyos se iban encajonando en valles y barrancos cada vez más estrechos y profundos, decorados con grandes rocas de formas fantásticas. La llegada a Divisadero era el punto culminante del viaje; ahí el tren hacía una breve parada y los viajeros podían contemplar la inmensidad de la Barranca del Cobre. El abismo se presentaba a los asombrados turistas como una barrera infranqueable, una especie de boca cósmica decorada con muelas y colmillos de piedra. Pocos intentaban en ese entonces bajar al fondo, y mucho menos atravesar el cañón, un fatigoso esfuerzo que supondría por lo menos una semana de camino. Después de Divisadero el tren descendía a las planicies sinaloenses y se internaba en hermosos cañones, primero el de Cuiteco y después el estrecho y espectacular cañón de Témoris, donde una cascada y un picacho de 400 metros de altura señalaban el inicio de la parte más sobrecogedora del recorrido: el transcurso por el fondo de un cañón que se hacía cada vez más profundo y oscuro hasta desaparecer en la noche. Al amanecer, los cactus, el calor y la vegetación tropical anunciaban el regreso al paisaje mexicano.

Con el tren llegaron los turistas, y con el turismo surgieron hoteles y caminos en la sierra que hicieron accesibles lugares anteriormente ignorados. El proyecto Gran Visión conectó por carretera a los principales poblados y atractivos turísticos de la sierra. La caminata, el caballo y el tren cedieron su lugar a un

La desmedida explotación forestal ha destruido grandes extensiones boscosas desde principios del siglo XIX.

creciente tráfico de camiones y automóviles que se internaron por primera vez en la Sierra Tarahumara. Desde entonces, aquellas comunidades antes olvidadas se han convertido en una mezcla de culturas y razas procedentes de todos los continentes. El ecoturismo encontró también nuevas formas de transitar por los rincones ocultos de la sierra; ahora no es difícil viajar en balsas inflables, en bicicletas de montaña, participar en maratones en zonas escarpadas o realizar escaladas en roca.

El eje del camino Gran Visión ahora cruza de lado a lado el país de los tarahumaras, desde Parral hasta Basaseachic; esta carretera —pavimentada en su totalidad— y sus principales ramales, son actualmente la forma más cómoda de conocer las barrancas del río Fuerte. A 185 kilómetros de Parral, Guachochic es la puerta de entrada a la barranca de Huerachi o Sinforosa. Este gigantesco tajo inicia en las lagunas del Vergel, en una meseta a 3,000 metros de altura; al descender se convierte en la barranca más impresionante de la región. Desde el mirador, Sinforosa es ya un abismo estrecho y profundísimo que se deja ver hasta unos pocos metros de la orilla.

Al sur del cañón hay otras barrancas poco conocidas donde aún moran los tepehuanes. Son 150 kilómetros más hasta Creel, un viaje portentoso que cruza los peñascos de Rocheachic, la cascada de Cusárare, las frías lagunas de Arareco y Aboreachi, y los cañones de Urique y Basíhuare, un mundo de paredes de roca y afilados picachos. En Samachique hay desviaciones que llevan al valle de Tónachi y sus dos cascadas; otras descienden hasta el antiguo poblado minero de Batopilas, una de las rutas escénicas más impresionantes en nuestro país. Desde Creel pueden hacerse recorridos a varias zonas cercanas con formaciones rocosas; las más conocida son las del Valle de los Dioses y el Valle de los Hongos. Hay una nueva carretera que acompaña al ferrocarril hasta Bahuichivo y de ahí se desvía hasta Cerocahui para descender finalmente hasta Urique, un desnivel de 1,600 metros en menos de 10 kilómetros en línea recta. Más allá, la barranca de Oteros permanece como una región relativamente desconocida, apartada del rápido ritmo de la civilización, que con sus grandes aserraderos ha dejado ya una marca profunda y devastadora en los bosques del país de los tarahumaras.

~VERACRUZ~
LA PUERTA DE
MÉXICO

Entre las poblaciones de Villa Rica y Antón Lizardo hay aproximadamente 90 kilómetros de costa; la mayor parte de ella siempre ha estado despoblada, a causa de las grandes dunas de arena y a la falta de agua potable. Sólo en las desembocaduras de ríos como el Huitzilapa, Antigua, Actopan o Jamapa fue posible establecer comunidades permanentes.

Frente a la costa un conjunto de islotes y bajos de origen coralino eran al mismo tiempo una amenaza y un refugio para las embarcaciones, sobre todo cuando vientos invernales procedentes del norte agitaban el mar. Sin embargo, este trozo mínimo y abandonado del litoral mexicano fue durante cuatro siglos casi el único punto de contacto entre México y el mundo exterior, principalmente con Europa y el Caribe.

ILUSTRACIÓN DIGITAL: CARLOS GREEN

La ciudad de Zempoala era la capital del reino del Totonacapan al iniciar el siglo XVI.

Fue en esta costa donde tuvieron lugar muchos de los acontecimientos que moldearon nuestro país, comenzando por la Conquista española.

Por la puerta veracruzana entraron colonos, sacerdotes, burócratas y refugiados, además de mercancía procedente de todos los rincones del mundo. Por ahí mismo se introdujeron piratas, enfermedades, escla-

vos y varios ejércitos invasores. A cambio, por la costa saldrían incontables tesoros: cargamentos de metales preciosos, especias que transformarían la cocina del viejo mundo, hierbas medicinales y maderas tropicales. Fue Veracruz el punto por el cual los jesuitas salieron expulsados de la Nueva España, y el lugar en donde se iniciaría la Revolución Cubana. Era el lugar por donde llegaban virreyes y emperadores, y en donde dieron su primer paso al exilio varios caudillos y presidentes. Fue también dos veces la capital de la nación.

La agitada historia del puerto y la diversidad de personajes que transitaron por él dieron como resultado una personalidad irrepetible en otras ciudades mexicanas. Aunque Veracruz no sea el mejor ejemplo de la arquitectura colonial o de las playas mexicanas, hay algo en la ciudad que la hace fascinante e irresistible: algo tiene que ver su animada vida, su incesante movimiento; quizá se trata de su abigarrada mezcla de ritmos y comidas; tal vez sea, simple-

CNCA-INAH-MEX / FOTO: OA

mente, que desde aquí se hace creíble la ilusión de viajar sin límites por todos los mares del mundo.

Chalchihuecan, 'en el mar de las turquesas', era el nombre indígena de las costas veracruzanas. Las aguas azul verdosas del Golfo de México atestiguaban día a día el prodigio del nacimiento del sol: cada amanecer el astro envuelto entre nubes se elevaba victorioso después de haber luchado con las bestias cósmicas del inframundo. Frente al mar, al pie del peñón basáltico de Quiahuiztlán, los indígenas legaron un curioso homenaje a esta mítica capacidad regeneradora del océano: un cementerio cuyas tumbas estaban coronadas con pequeños templos, pirámides y casas en miniatura, un lugar en el que los muertos esperaban renacer y así unirse a los ejércitos que eternamente acompañarían al sol en su recorrido por el cielo.

E̲N ESTAS COSTAS SAGRADAS aparecieron en 1518 seres nunca antes vistos por los indígenas: primero Juan de Grijalva —quien dio nombre al islote de San Juan de Ulúa— y después Hernán Cortés y sus huestes —las cuales vieron por primera vez una gran ciudad indígena, Zempoala, en ese entonces capital del reino totonaca

sometida temporalmente al imperio azteca.

Zempoala se encontraba situada en una fértil llanura detrás de los arenales costeros. El verdor del paisaje y su exuberancia impresionaron a los españoles, tanto como los enormes y blancos templos que brillaban a la luz del sol como si fueran de plata. La ciudad debió contar con más de 20,000 personas y tenía al menos 12 recintos ceremoniales rodeados de murallas. Hoy es posible visitar únicamente el mayor de estos recintos, una gran plaza rodeada por el Templo Mayor, el Conjunto de las Chimeneas y otras estructuras. La

Casi la totalidad de las mercancías exportadas de México en la época colonial, tuvieron que pasar por los muelles de Veracruz.

En la pequeña isla de Sacrificios, los conquistadores españoles encontraron adoratorios y templos con restos humanos.

El cerro de los Metates, un antiguo volcán erosionado, indica la ubicación del cementerio indígena de Quiahuiztlán.

La fortaleza de San Juan de Ulúa fue construida en varias etapas a lo largo de los tres siglos que duró la dominación española.

vista de las ruinas resulta impresionante, y más debió serlo en el siglo XVI cuando el lugar era la sede del cacique Chicomecóatl, una ciudad rebosante de vida con amplios mercados y grandes ejércitos. También fue grande la sorpresa de los conquistadores ante los ricos presentes de oro y plata que les envió Moctezuma, y al presenciar la extracción de corazones a seres humanos, en lugares como Zempoala y la Isla de Sacrificios.

A su llegada a las costas de Veracruz, Cortés decidió independizarse de Diego Velázquez, entonces gobernador de Cuba, e iniciar por su cuenta la colonización de las tierras que iba descubriendo. Así el 22 de abril de 1519, un Viernes Santo, Cortés funda la Villa Rica de la Veracruz, primero un conjunto de casas fortificadas en San Juan de Ulúa que luego se trasladó a los farallones cercanos a Quiahuiztlán, donde después de soportar nortes y mares tempestuosos abandonaría nuevamente el lugar en 1524 para establecerse a la orilla del río Huitzilapan, en una población que ahora conocemos como La Antigua en la que sobreviven las ruinas de la aduana portuaria —hoy llamada equivocadamente "Casa de Cortés"— y tal vez la capilla más vieja construida en suelo mexicano. La Antigua Veracruz duró un poco más como puerto, pero las dificultades que imponía el creciente tráfico de mercancías y personas hicieron imposible su funcionamiento, ya que era necesario desembarcar primero en el islote de San Juan de Ulúa y después trasladarse en barcas por mar y río hasta ese puerto interior.

Las urgencias comerciales y militares favorecieron finalmente un nuevo traslado de Veracruz a un lugar más cercano a Ulúa. El lugar elegido fue un maltrecho conjunto de 20 casas y una ermita conocido como Las Ventas de Buitrón. Con la mudanza del gobierno a este lugar, la Nueva Veracruz se levantó en un sitio carente de piedras y cal; por ello, para las construcciones se emplearon maderas de barcos desarmados o con troncos que el mar dejaba en la playa. Conocida como la Ciudad de Tablas, el Veracruz de finales del siglo XVI era un sitio insalubre y caluroso, donde los incendios arrasaban las endebles construcciones y la falta de agua potable impedía el crecimiento. A pesar de las adversidades, este escuálido asentamiento se había convertido en la principal entrada a la Nueva España.

Si Veracruz era la puerta, el islote de San Juan de Ulúa fue la cerradura: desde 1535 se tenía instalada una atalaya con cañones, y en 1552 contaba ya con dos torres unidas por un muro. Esta pared se erigió con piedras de lastre que cargaban los barcos, y contenía varias argollas de metal para que atracaran carabelas y naos.

En 1568, los piratas John Hawkins y Francis Drake arribaron a la isla, y lograron escapar del asedio de una flota real española. El apuro reforzar las defensas de Veracruz se hizo evidente con la toma de la ciudad, durante cuatro días, por los piratas Laurent de Graff y Nicolás de Gramont, quienes

lograron crear en 1683 un pequeño ejército de más de 1,000 personas con el que saquearon la ciudad y secuestraron a los habitantes adinerados. Finalmente, huyeron con un inmenso botín.

Aunque las labores para fortificar el puerto comenzaron en 1634 —cuando se construyeron los baluartes de Santiago y Caleta—, hubo que esperar más de siglo y medio para que se terminara la construcción del fuerte de San Juan de Ulúa y la ciudad fuera rodeada por un grueso muro con seis entradas y ocho baluartes, limitada además por un foso. La construcción fue muy lenta debido a la falta de rocas o ladrillos, que se sustituyó con roca coralina de los islotes o "piedra múcara", la cual debía extraerse del fondo del mar con gran riesgo.

Aunque Veracruz no volvió a ser atacado por los piratas, su fortaleza sirvió como guarnición naval, aduana y como una de las más temibles prisiones de México. La extracción de piedra permitió también que desde mediados del siglo XVII la ciudad se transformara con la edificación de media docena de iglesias, al menos cinco hospitales, una Casa de Cabildos y varias mansiones de importancia.

Aunque las actividades militares y burocráticas eran importantes —aquí se resguardaba desde 1640 la Armada Continúa en la pág. 928

A falta de piedra en la costa, los muros de San Juan de Ulúa se hicieron con trozos de coral extraídos del fondo del mar y de los islotes cercanos.

El baluarte de Santiago defendía el extremo sureste de las murallas de la ciudad. Durante un tiempo fue polvorín y cárcel; ahora, resguarda las joyas de oro encontradas en un barco hundido.

Cuatro veces heroica

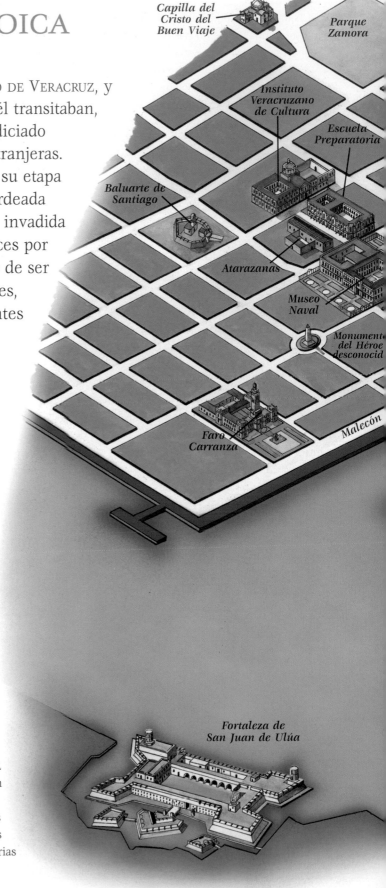

La importancia estratégica del puerto de Veracruz, y el volumen de mercancías que por él transitaban, hicieron de esta ciudad un botín codiciado por piratas, políticos y fuerzas armadas extranjeras. Casi todas las guerras que México libró en su etapa independiente afectaron el puerto. Bombardeada por los españoles desde San Juan de Ulúa, invadida dos veces por los franceses, y otras dos veces por fuerzas norteamericanas, Veracruz no dejó de ser un lugar cosmopolita al que arribaban naves, gentes, mercancías y costumbres procedentes de todos los rincones del mundo.

CNCA-INAH-MEX / FOTO: FGV

Los monumentos coloniales de Veracruz no son numerosos, y la mayoría han sido modificados; sólo quedan algunos escudos y molduras originales.

CNCA-INAH-MEX / FOTO: OA

El Palacio Municipal alguna vez estuvo en la orilla del mar. La ampliación de los muelles y las nuevas instalaciones portuarias lo alejaron.

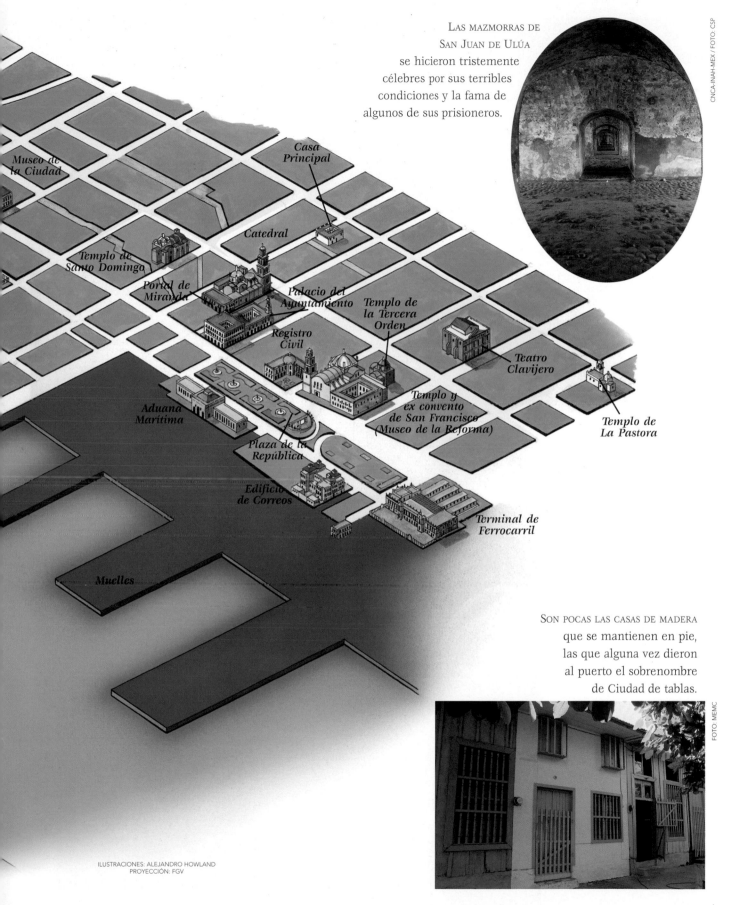

LAS MAZMORRAS DE
SAN JUAN DE ULÚA
se hicieron tristemente
célebres por sus terribles
condiciones y la fama de
algunos de sus prisioneros.

Museo de
la Ciudad

Casa
Principal

Catedral

Templo de
Santo Domingo

Portal de
Miranda

Palacio del
Ayuntamiento

Templo de
la Tercera
Orden

Registro
Civil

Teatro
Clavijero

Aduana
Marítima

Templo y
ex convento
de San Francisco
(Museo de la Reforma)

Templo de
La Pastora

Plaza de la
República

Edificio
de Correos

Terminal de
Ferrocarril

Muelles

SON POCAS LAS CASAS DE MADERA
que se mantienen en pie,
las que alguna vez dieron
al puerto el sobrenombre
de Ciudad de tablas.

ILUSTRACIONES: ALEJANDRO HOWLAND
PROYECCIÓN: FGV

La catedral veracruzana destaca por su tamaño y complejidad, más que por la ornamentación de sus paredes.

de Barlovento—, era el comercio lo que daba vida al puerto. En el siglo XVIII la ciudad logró superar varias carencias al traer agua potable desde el río Jamapa y al construirse el Puente Nacional, que permitía el tránsito de carretas hasta la ciudad de Xalapa. Los comerciantes ricos poseían grandes casonas de dos pisos que servían lo mismo de habitación que de bodega y almacén, aunque muchos de ellos preferían vivir en Xalapa y viajar al puerto sólo si era necesario.

De la inmensa riqueza que pasó por el puerto muy poca se utilizó para mejorarlo. La visión práctica de los comerciantes contrastaba con el derroche evidente de otras ciudades de la Nueva España. Veracruz,

además, nunca pudo quitarse la fama de ciudad mortífera, en la que las epidemias de viruela, fiebre amarilla, malaria y el temido vómito negro hacían presa de los recién llegados. A decir de Humboldt, en la época de calores morían a causa de la insalubridad la mitad de los españoles que desembarcaban en el puerto.

Al iniciar el siglo XIX, Veracruz formaba junto con La Habana y Cartagena un triángulo portuario desde el cual se enviaban los productos del Nuevo Mundo a España. Las exportaciones alcanzaban los 34 millones de pesos, y constaban principalmente de metales preciosos, caña de azúcar, algodón, maderas, especias y plantas medicinales como la raíz de Xalapa. Las importaciones consistían en telas finas, muebles, embutidos, aceitunas y conservas que enriquecerían desde entonces la variada cocina veracruzana.

Durante la Guerra de Independencia la ciudad permaneció fiel a los españoles, y aun después de haberse firmado la conclusión de la guerra en 1821 una guarnición española permaneció cuatro años más atrincherada en el fuerte de San Juan de Ulúa, desde el cual bombardeaba esporádicamente el puerto provocando que parte del tráfico de embarcaciones se trasladara a

Diversos patronatos e instituciones culturales se han dado a la tarea de recuperar edificios y casonas abandonados o deteriorados parcialmente.

Antón Lizardo. Finalmente, en noviembre de 1825, la isla fue tomada, 306 años y seis meses después de que las huestes de Cortés la convirtieran en el primer asentamiento de los conquistadores.

EL FINAL DE LA INDEPENDENCIA fue el inicio de una centuria heroica y trágica para los veracruzanos. La ciudad fue asediada y tomada varias veces por las potencias europeas de la época y por el agresivo vecino del norte. En 1838 la armada francesa tomó San Juan de Ulúa para forzar el pago de préstamos y supuestas compensaciones a los comerciantes galos radicados en el país, entre ellos un pastelero cuya tienda fue saqueada, razón por la que este breve episodio bélico terminó por conocerse como la Guerra de los Pasteles. Después de poco menos de 10 años Veracruz fue violentamente tomado por un ejército estadounidense de más de 13,000 hombres: en 1847 la ciudad fue sitiada, bombardeada y ocupada durante 16 meses.

Entre 1859 y 1860 el general conservador Miramón sitió la ciudad; dos años después la ocuparon las tropas francesas y permanecieron ahí hasta 1867, cuando es vencido el frágil gobierno del emperador Maximiliano. Luego de un periodo de paz que duraría medio siglo, nuevamente las tropas de Estados Unidos tomarían Veracruz, en 1914, enarbolando el pretexto de "enseñar a los latinoamericanos a escoger buenos gobernantes". La defensa en contra de las intervenciones del puerto que llevaron a cabo sus habitantes le dieron el título de Cuatro Veces Heroica Ciudad de Veracruz.

La importancia histórica de Veracruz en el siglo XIX va más allá de sus batallas militares. El puerto fue sede presidencial desde 1858, cuando Benito Juárez se instaló en el antiguo convento de San Francisco, desde el cual lanzó el decreto de nacionalización de los bienes de la Iglesia e instauró el registro civil obligatorio. En 1915 el puerto sería otra vez capital nacional, sede del gobierno constitucionalista de Carranza, quien aprovecharía su estancia veracruzana para promulgar su Ley Agraria. Aunque estos hechos patrióticos dieron fama y honor al puerto, hubo otras obras que fueron de mayor significación y trascendencia para los habitantes de Veracruz.

FOTO: OA

Los desayunos acompañados de pan dulce y una sabrosa taza de café caliente, son una tradición centenaria que cobijan los portales de Veracruz.

CNCA-INAH-MEX / FOTO: CSP

CNCA-INAH-MEX / FOTO: LAS

Durante el gobierno de Porfirio Díaz se hicieron notables esfuerzos por modernizar y embellecer el puerto. El teatro Clavijero y el edificio del Registro Civil son dos edificios sobresalientes de aquella época.

Aunque poco difundida en los libros de texto escolares, la ampliación y modernización del puerto fue una de las mayores hazañas constructivas del México independiente: se formó una bahía artificial al unir con un dique la isla de San Juan de Ulúa con tierra firme, se creó un nuevo malecón y se construyeron amplios rompeolas. Las murallas de la ciudad se derribaron para que la ciudad se expandiera, se crearon parques y algunos edificios hermosos y elegantes, entre ellos la Escuela Naval, la Escuela Preparatoria, una nueva aduana, la terminal de ferrocarriles, el edificio de Correos, un nuevo y potente faro —hoy Faro Carranza—, así como nuevos muelles y almacenes.

Las obras de modernización encomendadas por Porfirio Díaz se inauguraron en 1902 y transformaron completamente la vida veracruzana. La ciudad dejó de ser el recinto amurallado temeroso del mar y se convirtió en un puerto cosmopolita al que acudían marinos de todos los rincones del mundo. Con una de las primeras carreteras del país, Veracruz se sumó desde 1930 a los destinos de los vacacionistas que comenzaban a descubrir el mar como sitio de descanso y esparcimiento. Tal hallazgo impulsó la construcción de hoteles, restaurantes y otros modernos edificios que alteraron irreversiblemente la antigua imagen del puerto. Muchas casas antiguas fueron abandonadas y expuestas al corrosivo aire del mar. Algunas de ellas se perdieron para siempre, otras se dividieron en establecimientos comerciales y unas más lograron recuperarse gracias al trabajo de instituciones como el Instituto Veracruzano de Cultura, que ha rescatado obras únicas como las Atarazanas, antiguas bodegas donde se guardaban mástiles, velas y otros avíos de navegación de la época colonial.

DESPUÉS DE CASI CINCO SIGLOS DE HISTORIA, Veracruz es una composición caótica, una superposición de estilos arquitectónicos en el que predomina lo moderno; pese a ello, es una ciudad muy agradable que ofrece al visitante numerosas oportunidades para el recreo. Quizá lo más llamativo sea el ambiente porteño de la ciudad, esa sutil cualidad alegre y abierta que se respira en sus tradicionales cafeterías y en los obligados paseos por el malecón y los portales. Veracruz es también una ciudad que puede recorrerse siguiendo los aromas de fondas y restaurantes, o escuchando los ritmos musicales de sus bandas. Es igualmente una ciudad plena de monumentos: el fuerte de San Juan de Ulúa, la catedral de Nuestra Señora de la Asunción, el ex convento de San Francisco —cuya torre fue habilitada como faro—, el Baluarte de Santiago —único sobreviviente de la demolición de las murallas—, el imponente ex convento de Betlemitas —hoy sede del Instituto Veracruzano de Cultura.

Entre los museos se destacan el Museo Naval, con su colección de armas antiguas y maquetas de embarcaciones; el Museo del Baluarte de Santiago, en el que se exhiben algunas de las joyas indígenas extraviadas en un naufragio de los conquistadores y que encontró un pescador hace pocos años. También conviene visitar el Museo de la Ciudad, remodelado recientemente, que muestra con claridad el accidentado desarrollo histórico de la ciudad.

Además de su riqueza histórica y cultural, Veracruz ofrece sus playas en Chachalacas y Boca del Río, lugares de pescadores y de deliciosos manjares. Hay también viajes a las islas Verde, Pájaros y Sacrificios que ahora forman parte de un Parque Marino Nacional. Aquí es posible bucear entre arrecifes de coral, peces de múltiples colores y uno que otro barco que naufragó siglos atrás. El recorrido por las inmensas dunas y la búsqueda de fauna en los manglares que rodean las lagunas de Mandinga pueden ser un atractivo extra para deportistas y exploradores.

Para un recorrido más tranquilo, pero igual de interesantes, el Acuario de Veracruz es la oportunidad ideal para observar tiburones, tortugas marinas o vistosos peces de arrecife, además de nutrias y pejelagartos. Para el interesado en las culturas prehispánicas, las zonas arqueológicas de Zempoala y Quiahuiztlán y la ciudad de La Antigua satisfacen con creces la visita. Si todo lo anterior fuera poco, basta con añadir las coloridas fiestas del carnaval, las mayores de México, una mezcla de ritmos mexicanos, caribeños, europeos y africanos, que de alguna manera son el resumen musical y festivo de la cálida y acogedora personalidad del puerto de Veracruz.

~VIZCAÍNO~
EL SANTUARIO DE LAS
BALLENAS

En los meses finales de 1988 se constituyó oficialmente la Reserva de la Biosfera de El Vizcaíno. En ese entonces era una de las áreas naturales protegidas más extensas de Latinoamérica, pues contaba con 25,467 kilómetros cuadrados, una extensión mayor que la del Estado de México o que la del Estado de Hidalgo. A pesar de su enorme tamaño e importancia —dentro de la reserva hay dos lugares considerados Patrimonio de la Humanidad—, el desierto de El Vizcaíno es todavía una zona remota que desconoce la mayoría de las personas.

FOTO: CCK

LAGUNA OJO DE LIEBRE / FOTO: CCK

ILUSTRACIÓN DIGITAL: CARLOS GREEN

Extensos campos de dunas blancas se han formado a orillas de la laguna Ojo de Liebre.

FOTO: CCK

Ubicada en el centro de la Península de Baja California, su acceso por carretera es relativamente reciente y requiere muchas horas de camino desde las dos principales ciudades peninsulares: La Paz o Ensenada. Bien se podría cruzar por la reserva sin darse cuenta de ello, pues no hay cambios espectaculares en el paisaje ni tampoco en la vegetación que muevan a pensar que nos encontramos en una zona especial del mundo, de no ser porque el paisaje se vuelve más desolado y monótono conforme nos internamos en el desierto: la mayor parte de la reserva de El Vizcaíno consiste en un extenso llano sin ríos, ni piedras ni colinas, donde la escasa vegetación apenas se levanta sobre el sue-

lo; sólo las dunas hacen distinto el panorama y proporcionan algunos puntos de referencia. Las pequeñas manchas de matorral desértico se tratan tan sólo de algunas yucas, cardones o ralos mezquites.

Existen varias serranías en la reserva que se extienden entre dos mares, pero aun ahí la vegetación no es muy variada. Hay más especies de plantas en una hectárea de selva que en toda la región de El Vizcaíno. La sensación de vacío se extiende también a las escasas poblaciones de la reserva, la mayoría de ellas rancherías o campamentos de pescadores; sólo dos de ellas —Guerrero Negro y Vizcaíno— merecen el nombre de pueblo, y ninguna de las dos alcanza los 50 años de existencia. La región de El Vizcaíno ha sido casi siempre una zona que los seres humanos han tratado de evitar, y olvidar.

El desierto en el interior de la península bajacaliforniana es uno de los más secos de Norteamérica. En la región de El Vizcaíno las precipitaciones pluviales promedio son menores que los 70 mm al año. La cercana presencia de las frías corrientes del Pacífico evita que las temperaturas sean tan elevadas como en el desierto de Sonora, aunque a veces causa gélidos vientos que provocan grandes tormentas de polvo y arena. La escasa agua dulce que baja de las serranías es rápidamente absorbida por la arenosa planicie, por lo que muy rara vez las corrientes

alcanzan a llegan al mar, no obstante que éste ha invadido la tierra firme formando laberínticas lagunas e inmensos salares.

HAY TRES GRANDES COMPLEJOS lagunares en la costa noroccidental de Baja California Sur. Los dos primeros —Ojo de Liebre y San Ignacio— están comprendidos en la reserva de El Vizcaíno; la tercera zona incluye las lagunas de Bahía Magdalena, aun sin protección oficial. La característica notable de dichas lagunas es que son muy extensas y someras, una trampa para las aguas marinas que rápidamente se evaporan y dejan en las orillas gruesas costras de sal. El transcurso de miles de años la constante deposición de sedimentos por las corrientes marinas y la evaporación del agua salada han creado las mayores salinas del mundo, y con ellas una gigantesca industria que se ha convertido en la base económica de toda la región.

A veces el viento barre las sales y las mezcla con la arena del desierto formando campos de dunas blanquecinas que ahogan cualquier intento de colonización vegetal. Aun con la carencia de plantas, al menos 69 especies de mamíferos —algunos de gran tamaño— han logrado establecerse en el desierto de El Vizcaíno, y han logrado sobrevivir debido en parte a la ausencia de seres humanos. Los animales se diversifican en varias subespecies únicas de la región, entre ellas el berrendo peninsular, la liebre de cola prieta, la ardilla antílope y el ratón de bolsas. En las áreas montañosas es posible ver el venado bura, el puma y el borrego cimarrón, y son abundantes las codornices, los halco-

FOTO: FGV

Un terreno plano, un clima extremadamente seco y grandes entradas de mar han formado en el Vizcaíno la mayor de las salinas en el Oceáno Pacífico.

nes y las palomas migratorias. Pero es la fauna costera y marina la que vuelve única a la región de El Vizcaíno.

En el mar abundan peces y mariscos de gran valor comercial. Los pescadores explotan intensivamente los bancos de langosta, abulón, almeja catarina, caracol, almeja chocolata y callo de hacha; ello ha creado una importante industria de exportación que genera más de 60 millones de dólares al año. La gran cantidad de peces atrae enormes colonias de aves marinas, por lo que podemos ver águilas pescadoras, gaviotas, pelícanos y diversas especies de patos en cantidades inusuales, sobre todo en los meses invernales cuando las lagunas se convierten en una zona crítica para la migración de aves a lo largo de la costa del Pacífico. En el invierno grandes bandadas de gansos canadienses y patos golondrinos se refugian en las cálidas aguas de las lagunas. La riqueza pesquera también es aprovechada por *Continúa en la pág. 936*

DÓNDE NACE LA BALLENA GRIS

Las lagunas Ojo de Liebre y San Ignacio, así como la Bahía Magdalena, tienen condiciones ideales para la reproducción de las ballenas: aguas saladas que ayudan a que floten los ballenatos; lagos tibios y someros donde las crías no sufren de frío y, sobre todo, se trata de una zona aislada en la que no habitaban seres humanos. El descubrimiento de estas lagunas por los balleneros estadounidenses en el siglo XIX fue una catástrofe para la ballena gris, que estuvo a punto de extinguirse. Hoy, la población se ha recuperado gracias a la protección oficial y al esfuerzo de organismos internacionales.

ÁLAMOS Y PALMERAS logran crecer juntos en las orillas del arroyo San Joaquín.

FOTO: FGV

Guerrero Negro

Vizcaíno

Laguna Ojo de Liebre

Playa Malarrimo

Sierra San José de Castro

Punta Eugenia

Bahía de Tortugas

Bahía Asunción

 ARENALES

 SALINAS

 DUNAS COSTERAS

 MATORRAL DESÉRTICO

SEPARADAS YA DEL MAR, las partes lejanas de la laguna San Ignacio se han transformado en blancas costras de sal.

A PESAR DE LA MONOTONÍA del terreno, con un poco de ánimo es posible encontrar paisajes memorables.

LOS HALCONES aprovechan la riqueza de peces y aves costeras para sobrevivir en el árido desierto.

San Ignacio

SIERRA SAN FRANCISCO

LAGUNA SAN IGNACIO

SIERRA SANTA CLARA

G. Cunillé '02

Bahía de Ballenas

Punta Abreojos

ILUSTRACIÓN: GERARDO CUNILLÉ
PROYECCIÓN: FGV

LAS HUELLAS DE LA EROSIÓN causada por los vientos se hacen visibles en los grandes peñascos del desierto de Vizcaíno.

El berrendo de Baja California es uno de los ungulados más raros del mundo, se cree que hay menos de 100 ejemplares de esta especie.

Las lagunas costeras, se ven invadidas cada invierno por numerosas especies de aves migratorias.

badas, ballenas de aleta y ballenas grises. Las tres primeras se internan en el Golfo de California o siguen hacia el sur hasta llegar a las costas de Jalisco y Nayarit. La ballena gris prefiere permanecer varios meses en las lagunas de El Vizcaíno, donde se aparea y cría a sus ballenatos; esta conducta única en las ballenas fue la causa de que la especie estuviera a punto de extinguirse a finales del siglo XIX.

LAS PRIMERAS EXPLORACIONES en la costa occidental de Baja California no mencionan las ballenas de El Vizcaíno. Antonio de Ulloa, quien navegó por esos mares en 1524, desapareció en lo desconocido sin que su barco y su tripulación dejaran huella alguna. Años más tarde, Rodríguez Cabrillo exploró la costa hasta llegar a San Francisco, y murió en una isla cercana a la actual ciudad de Los Ángeles. Hubo que esperar la expedición comandada por Sebastián Vizcaíno, en 1600, para que pudiera realizarse un mapa detallado de la península. En ese viaje se rebautizó la gran bahía de Malarrimo con el nombre del co-

focas, leones y elefantes marinos que forman algunas colonias en las playas apartadas. También la costa ha sido refugio para las grandes tortugas marinas, y durante un tiempo la tortuga caguama y la laúd fueron intensamente explotadas por los pescadores; afortunadamente, hoy está prohibida su caza.

Las lagunas de El Vizcaíno son también el refugio invernal de los mayores mamíferos del mundo: las ballenas. Por los mares de Baja California cada año cruzan grupos de ballenas azules, yubartas o ballenas joro-

mandante; la antigua denominación, que aludía las fuertes corrientes que llevaba a los buques hacia la costa, quedó relegada ahora a un tramo de playa donde se acumulan objetos que han estado a la deriva en el Océano Pacífico.

Después de estos viajes pioneros, la región fue visitada ocasionalmente por buques pesqueros o buscadores de perlas, hasta que un capitán ballenero encontró el santuario de la ballena gris. Charles Melville Scammon, de infausta memoria, procedía de la costa noratlántica de Estados Unidos, donde se había desarrollado una industria ballenera desde el siglo XVI. Al reducirse la cantidad de ballenas en el Atlántico, varias industrias probaron suerte en las recientemente adquiridas costas de California. En un principio las ballenas grises eran poco apreciadas por su tamaño menor y por no tener un aceite de tanta demanda como el de los cachalotes y la ballena azul. Los cazadores además le temían a la ballena gris por la determinación con que defendían a sus crías; esta conducta feroz les acarreó el apodo de *pez diablo*.

En 1857 el capitán Scammon encontró la laguna Ojo de Liebre —llamada así por un manantial de agua dulce—, y en ella miles de ballenas grises. Scammon desarrolló varias tácticas sangrientas para atrapar tantas como le fuera posible. Una de ellas consistía en herir a las crías para así atraer a las madres y matarlas; o bien, se colocaba en las zonas bajas de la laguna y desde ahí las atacaba con arpones explosivos. En sus expediciones balleneras también se ocupó de ex-

La foca común aún puede encontrarse en las costas cercanas a Guerrero Negro.

La aridez extrema del Vizcaíno se ve interrumpida de cuando en cuando por pequeños oasis, señalados por palmas datileras.

Las crías de ballena gris
son curiosas y juguetonas,
y sin miedo se acercan a las
barcas que transportan turistas.

La ballena gris adulta alcanza
en promedio 13 metros
de longitud y supera las
25 toneladas de peso.

terminar las colonias de elefantes marinos, a los que asustaba con explosivos para provocar una estampida en la que ellos mismos se atropellaban. Con técnicas tan eficaces una pequeña banda de balleneros estadounidenses mató más de 20,000 ballenas en menos de medio siglo. La matanza terminó cuando las ballenas estuvieron a punto de extinguirse; la rapacidad de los balleneros también alcanzó a las focas, nutrias y elefantes marinos que sobrevivieron de milagro en las apartadas playas e islas de California.

A principios del siglo XX sólo quedaban ocho elefantes marinos, 60 focas finas y tal vez 200 ballenas grises. Fue hasta 1937 que el gobierno mexicano prohibió la cacería de ballenas en las lagunas de El Vizcaíno, una de las primeras acciones en el mundo para proteger a los cetáceos. La creciente inquietud internacional por la drástica disminución de las ballenas provocó que la mayoría de las naciones prohibieran la cacería industrial. Con tal medida se ha logrado que algunas especies se recuperen parcialmente, aunque de manera desigual: de las ballenas azules y jorobadas se conserva sólo 10% de la población original, debido principalmente a la pesca del plancton —pequeños animales que flotan cerca de la superficie del mar— el principal alimento de dichas especies; la ballena gris, que se alimenta de animales residentes en el fondo del mar, se ha recuperado casi completamente.

La laguna Ojo de Liebre y la laguna de San Ignacio se han convertido en un centro internacional para el estudio de los cetáceos, lo que ha ayudado a transformar radicalmente la visión que antes se tenía de estos mamíferos marinos. Antiguamente se veía a las ballenas como enormes peces que vagaban solitarios por el océano; ahora, aquella visión se ha modificado gracias a la nueva información que las muestra como seres inteligentes y sociables, que viajan en grupos familiares y se ayudan mutuamente.

Al igual que los delfines, las ballenas también gustan de jugar, siguen complejas reglas de comportamiento social y tienen costumbres muy definidas de cortejo y lucha entre machos. Algunas especies de ballenas tienen un amplio repertorio de sonidos o "cánticos" que las ayudan a identificarse como grupo o individualmente, y son capaces de realizar cacerías en conjunto con funciones específicas para cada individuo.

De las grandes ballenas, la gris es la que conserva los rasgos más primitivos que la ligan con sus antepasados terrestres. Los ejemplares de mayor tamaño llegan a medir 15 metros de longitud y pesan alrededor de 30 toneladas. El color original de su piel es más bien negruzco, pero la presencia de parásitos marinos en su piel le otorgan un tono gris claro surcado de cicatrices. Esta especie filtra su alimento con unos dientes modificados que semejan a las cerdas de una escoba. Se sabe que consume plancton, pero también aprovecha los pequeños animales que viven en los lodosos fondos marinos. Es frecuente que las ballenas se coloquen en posición vertical con la cabeza fuera del agua; antes se creía que lo hacían para "espiar" a posibles enemigos, hoy se cree que esa postura le ayuda a digerir sus alimentos. Es también una conducta común realizar saltos fuera del agua para liberarse de la comezón que les provocan los crustáceos que viven en su piel.

FOTO: SB

Los halietos o águilas pescadoras aprovechan las aguas ricas en peces y mariscos para criar a sus polluelos.

La ballena gris es una especie migratoria; cada año hace un fatigoso viaje de ida y vuelta desde las gélidas aguas del Estrecho de Behring hasta las costas de Baja California. Son más de 16,000 kilómetros de recorrido en los que sólo consume alimentos de manera ocasional. Las ballenas arriban a las lagunas de El Vizcaíno el mes de diciembre, con tal puntualidad que únicamente se retrasa una semana. Las primeras en arribar son las hembras preñadas un año atrás; éstas eligen las zonas más alejadas de la laguna para parir a sus crías, donde la salinidad del agua les ayuda a flotar y lo bajo de las aguas las protege del ataque de las orcas, su principal enemigo.

Los ballenatos recién nacidos pesan una tonelada y miden entre cuatro y cinco metros, y se alimentan con la gruesa leche de su madre, ocho veces más grasosa que la huma-

Saltos intempestivos e intermitentes chorros de vapor señalan la presencia de ballenas en las costas de Baja California.

FOTO: FGV

na. Los críos doblan su tamaño y peso en los cuatro primeros meses que pasa en la laguna. Durante este tiempo aprenden también a reconocer a los miembros de su grupo mientras juegan con bolas de algas y burbujas de aire que expelen por sus narices. Aprenden también a comunicarse con diferentes sonidos y a utilizar la ecolocación, una especie de radar natural que les advierte de los obstáculos, ya que las ballenas no tienen buena vista.

Los ballenatos son curiosos por naturaleza y no dudan en explorar las barcas de turistas que en número creciente acuden cada invierno a las lagunas. Al aproximarse el mes de marzo, las ballenas grises comienzan su retirada en grupos; las últimas en salir son las hembras con críos que se enfrentarán por primera vez al largo recorrido que los llevará a las aguas de Alaska, donde se dedicarán a comer y engordar durante cinco meses antes de comenzar el regreso a las lagunas, camino al que volverán unas 60 veces en su vida.

Hace tiempo ya que las ballenas grises dejaron de ser cazadas por el hombre, pero de algún modo las actividades huma-

FOTO: SB

La liebre del Vizcaíno está perfectamente adaptada al desierto, sus grandes orejas disipan el calor corporal y su cuerpo utiliza eficientemente la poca humedad que extrae de las hierbas que come.

nas siguen afectando la vida de estos cetáceos: la extracción masiva de sal desde la década de los sesenta ahuyentó a las ballenas de la laguna de Guerrero Negro, donde el tráfico de embarcaciones era muy intenso. Hubo que declarar zonas de acceso restringido a pescadores durante la temporada de crianza de las ballenas, y prohibirse también la cacería de tortugas y mamíferos terrestres. Para recuperar los ingresos perdidos se han organizado varias empresas ecoturísticas que emplean a los pescadores como guías.

Sin duda alguna, el contacto cercano con las ballenas —increíblemente dóciles para la mala fama que se les había creado— es una experiencia única, de lo más gratificante que puede ofrecer la observación de la fauna en México. Pero la cantidad creciente de turistas que desean ver y tocar las ballenas, y el ansia de los guías de acercarse a ellas, se ha convertido en una molestia para los animales, que a veces muestran su enfado con coletazos y golpes a los barcos. El respeto a la naturaleza y el manejo inteligente del recurso turístico, es lo que logrará preservar este santuario, único en el mundo.

LOS CETÁCEOS EN AGUAS MEXICANAS

EN EL AÑO 2002, todo el mar patrimonial de México fue declarado refugio para las ballenas, con lo que se prohibió la cacería de cualquier especie de cetáceo. Con esta medida se culminó una larga serie de disposiciones que colocaron a nuestro país en la vanguardia en cuanto a protección de dichos mamíferos marinos. Aunque la mayoría de los mexicanos rara vez han visto de cerca un delfín o una ballena —debido a la dificultad para internarse en las aguas donde viven—, no significa que no exista una población abundante de estos animales. En los océanos que rodean a México viven, permanente o temporalmente, cerca de la mitad de las especies de cetáceos del mundo. Las aguas que rodean la Península de Baja California son particularmente ricas en este aspecto.

Los cetáceos son los mamíferos mejor adaptados a la vida marinar, sus patas se han convertido en aletas y han desarrollado métodos para permanecer largos periodos bajo el agua. El orden de los cetáceos puede dividirse en dos grandes ramas, el de las verdaderas ballenas —cuyos dientes son una especie de cepillos que filtran el plancton marino—, y el de las ballenas

FOTO: FGV

dentadas, que se alimentan principalmente de peces e incluso de otros mamíferos marinos. La primera rama incluye la ballena azul —el animal más grande del mundo—, la ballena gris, la yubarta o ballena jorobada, el rorcual, y la ballena minke, especies todas que llegan a nuestro país. Entre los cetáceos con dientes, se conocen en México la orca, el calderón o ballena piloto, el cachalote y la falsa orca. Mención aparte merecen las 12 diferentes especies de delfines y marsopas que habitan nuestras aguas, entre ellas la vaquita marina, el cetáceo más pequeño y raro del mundo, pues sólo se le conoce en un reducido territorio frente a la desembocadura del río Colorado.

~XOCHICALCO~
LA FORTALEZA DE
LAS FLORES

El periodo Epiclásico es una de las zonas oscuras del México antiguo, comprende menos de tres siglos entre los años 700 y 1000 d.C., justo después de la caída de la gran Teotihuacán y del desplome de los reinos mayas del Clásico. La confusión acerca del Epiclásico no se debe a la falta de información, pues son numerosos los sitios correspondientes a la época, sino a que se presenta de modo parcial y a veces contradictorio. Se considera el Epiclásico un lapso en la que la población disminuyó debido a guerras, migraciones y al colapso de las antiguas urbes, pero también es el tiempo en el que surgen algunos de los sitios imponentes del México prehispánico. Es también extraño que en este periodo de guerras continuas, división política y acomodos de la población florecieran las artes y las ciencias, y se tuvieran avances técnicos e ideológicos notables

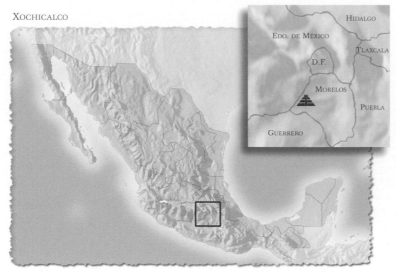

ILUSTRACIÓN DIGITAL: CARLOS GREEN

se debió su ubicación defensiva, por qué se abandonó tan pronto y que importancia tuvo dentro del contexto mesoamericano. Dentro del gran rompecabezas que es la historia del México antiguo, Xochicalco es como una de esas fichas que no parecen encajar bien en ningún lado. Su extraña mezcla de estilos artísticos y su posición intermedia en las grandes regiones de Mesoamérica, hacen aún más difícil la interpretación de sus ruinas, envueltas en el misterio.

No puede decirse que Xochicalco haya sido un lugar ignorado, ya los aztecas hacían peregrinaciones a las ruinas e incluso levantaron un adoratorio en esta ciudad a la que llamaron "la casa de las flores". Aun después de la Conquista el sitio era suficientemente famoso y citado por los cronistas. Fray Bernardino de Sahagún lo menciona y hay varios relatos que afirman que en Xochicalco creció el famoso sacerdote Ce Ácatl Topiltzin Quetzalcóatl, fundador del imperio tolteca.

Las ruinas reaparecen en la literatura científica en 1791, cuando las visita José An-

como la metalurgia y las alianzas políticas que posibilitaron el surgimiento de las ideas de guerra y conquista territorial.

Dentro de este aún incomprendida fase, Xochicalco es todavía una de las ciudades enigmáticas, pues a pesar de ser un sitio que se ha explorado intensamente es mucho lo que se ignora acerca de él: no sabemos quiénes habitaron la ciudad, cuál fue su lengua y cuál su nombre original, a qué

Rampas y terrazas debieron construirse en Xochicalco para adaptarse a las difíciles condiciones del terreno.

tonio Alzate. La existencia de una pirámide con las paredes completamente labradas le acarreó fama internacional al sitio. Humboldt cita los hallazgos en su obra, la emperatriz Carlota hace un fatigoso viaje para conocer la construcción y el célebre escritor Julio Verne la utiliza como escenario de una de sus primeras novelas de aventuras.

A lo largo del siglo XIX se sucedieron numerosas visitas realizadas por viajeros y exploradores europeos y mexicanos, de las cuales cada uno volvió con su propia interpretación de las ruinas. Desde entonces surgieron varias hipótesis sobre su significado: la mítica Tamoanchan, la tierra de la abundancia de los mitos mexicas; una fortaleza tolteca; una colonia que participó en la destrucción de Teotihuacán; un centro de observación astronómica donde se hicieron importantes correcciones al calendario, o un enclave maya en las tierras templadas de Morelos.

Hubo que esperar a que los arqueólogos obtuvieran más información del sitio para que la imagen de Xochicalco fuera aclarándose. Desde las excavaciones de Batres en 1909 hasta nuestros días, la ciudad ha sido objeto de prolongadas visitas a cargo de Eduardo Noguera en los años treinta, César Sáenz en los años sesenta y setenta, y Norberto González en los noventa. Gracias a estos estudios sistemáticos, y a los recorridos en la región circunvecina, es ahora posible describir el desarrollo de los acontecimientos que tuvieron lugar en el este de Morelos durante la época prehispánica.

X OCHICALCO SE UBICA en un lomerío de rocas calizas y toba volcánica de la vertiente sur de la sierra de Chalma, a pocos kilómetros de la ciudad de Cuernavaca. Las eminencias mayores de la serranía son el cerro de la Víbora y el Jumil, ambos de aproximadamente 1,500 metros de altura. Entre estos dos cerros corre el río Tembembe —afluente del río Amacuzac—, cuyo estrecho cañón sirvió de defensa natural al sector occidental de la ciudad de Xochicalco.

La vegetación corresponde a un clima cálido y un suelo pobre: matorrales semitro-

CNCA-INAH-MEX / FOTO: FGV

picales y manchones de selva caducifolia cubren las lomas que vigilan los fértiles valles de Miacatlán y Coatetelco, situados inmediatamente al sur. Hay evidencias de ocupación humana en la zona desde el Preclásico, varios siglos antes de nuestra era, pero un asentamiento importante se cumple a finales de la época Clásica, de la que data un pequeño centro ceremonial que tenía

Tres grandes canchas para el juego de pelota se conocen en el centro de Xochicalco, cada una con forma y características diferentes.

Según los investigadores, el estilo escultórico de Xochicalco recibió influencias del Valle de México, Oaxaca e incluso de la zona maya.

CNCA-INA-I-MEX / FOTO: EC

CNCA-INAH-MEX / FOTO: EC   CNCA-INAH-MEX / FOTO: EC

Casi todos los glifos xochicalcas descifrados
hasta ahora parecen tener un contenido
relacionado con los calendarios.

débiles lazos con Teoti-
huacán.

Con el colapso del im-
perio teotihuacano Xochi-
calco se convirtió en un
poder regional y en una
impresionante ciudad for-
taleza. Entre los años 700
y 900 d.C. un sinnúmero
de construcciones se le-
vantaron en una superfi-
cie de un poco más de
cuatro kilómetros cuadra-
dos; muchas de ellas te-
nían un carácter claramente defensivo, pero también se construyeron habitaciones,
zonas de juego, mercados, plazas y templos. El conjunto de las enormes terrazas y
los apiñados edificios de Xochicalco parecían una inmensa estructura de 130 metros
de altura, que se imponía como la única
sede de poder en el oeste de Morelos.

Para llegar a la ciudad se hicieron varios caminos empedrados y terraplenados,
el mayor de los cuales tenía dos kilómetros y medio de longitud. En algunos casos las calzadas las limitaban murallas defensivas, como la que llevaba a la cima

del cerro de La Bodega, donde se estableció
un fuerte rodeado de fosos que protegía los
flancos norte y oriente de Xochicalco. Al
poniente, el barranco del río Tembembe era
un obstáculo natural que fue reforzado por
altas terrazas defensivas. El acceso principal
se ubicaba al sur, en donde coincidían dos
grandes caminos que debían continuar por
un puente levantado sobre un foso y cruzar
entre dos bastiones. Ya dentro de los límites
de la ciudad una rampa ancha ascendía hasta la Plaza Mayor, al pie de la Gran Pirámide, construcción de 10 metros de altura que
parecía más alta por haber sido construida
sobre una amplia terraza.

En comparación con otras ciudades indígenas, el tamaño de los templos era más
bien modesto, pues gran parte del esfuerzo
constructivo se dedicó a labores de defensa.
Detrás de la pirámide principal se hallaba
la Acrópolis, un complejo arreglo de patios,
palacios, templos y corredores, que pudo
ser la residencia de los gobernantes y nobles de Xochicalco.

Para acceder a lo alto de la Acrópolis era
necesario cruzar varias escaleras monumentales combinadas con pórticos y patios
hundidos. Las más importantes se localiza-

Grandes terrazas y muros de
piedra rodean el área central de la
ciudad, lo que le da el aspecto
de una enorme y única construcción.

CNCA-INAH-MEX / FOTO: CSP

9 4 4   CIEN MARAVILLAS DE MÉXICO

ban al sur y al oeste, y contaban con varios trucos defensivos: a veces los pórticos tenían numerosas entradas y pocas salidas, y los enemigos quedaban expuestos al ataque desde los edificios que rodeaban los patios. La Acrópolis ocupaba varias hectáreas de extensión y se construyó sobre una gran plataforma delimitada por muros y terrazas de aproximadamente 10 metros de altura.

El punto central de este complejo arquitectónico lo ocupaba el célebre Templo de las Serpientes Emplumadas, una plataforma de cuatro metros de altura recubierta con cientos de losas de roca basáltica, sobre las que se esculpieron ocho serpientes gigantescas cuyo cuerpo está formado por plumas de quetzal y caracoles cortados. En las paredes se incluyeron 60 personajes distribuidos en tres niveles. En el nivel inferior, entre el cuerpo de las serpientes, aparecen 12 personajes con un tocado de Cipactli o Itzamná semejante al usado por los reyes mayas. La cornisa intermedia muestra 30 personajes con elementos asociados al comercio y la nobleza, como bolsas de copal y abanicos de pluma; frente a ellos aparece una mandíbula que parece devorar un círculo dividido en cuatro, lo que algunos investigadores han interpretado como símbolos de eclipse o conquista. En el nivel supe-

rior hay 18 guerreros con un pequeño escudo y un manojo de flechas. Entre las figuras principales hay jeroglíficos asociados quizá a los nombres de los gobernantes, a pueblos sometidos y a fechas. El glifo que más se representa es el Nueve Ojo de Reptil, que podría corresponder al día del nacimiento mítico de Quetzalcóatl.

La riqueza escultórica y simbólica del Templo de las Serpientes Emplumadas no se repite en ningún otro edificio de la ciudad, en la que lo común era el recubrimiento de estuco pintado. Lo mismo sucede en templos similares de Tula y Teotihuacán: en la Ciudadela y en el Templo de Venus —Tlahuizcalpantecuhtli, advocación de Quetzalcóatl. Ahora sabemos que los templos labrados de las tres ciudades se dedicaron a la guerra sagrada, una forma de alimentar con sangre a los dioses para que éstos y los astros pudieran continuar su movimiento ordenado y cíclico, y asegurar así la vida en la superficie terrestre y no se interrumpiera el flujo del tiempo de los hombres.

Al sur del Templo de las Serpientes Emplumadas, en la Estructura A, formada por tres pequeños templos alrededor de un patio, se hallaron tres estelas cubiertas con cinabrio y glifos grabados alusivos a tres deidades —Tláloc, Quetzalcóatl *Continúa en la pág. 948*

Las casas de las elites gobernantes contaban con lujos y servicios como desagües, patios interiores y baños de vapor.

En la plaza más elevada de Xochicalco se construyó el templo dedicado a Quetzalcóatl, y es hasta ahora el único conocido totalmente recubierto con relieves de piedra.

UNA URBE MILITARIZADA

XOCHICALCO ES UNO DE LOS MEJORES EJEMPLOS CONOCIDOS de una ciudad fortificada prehispánica, situada en un cerro a 400 metros por encima de las planicies circundantes. La mayor parte del esfuerzo constructivo se dedicó a la defensa de la ciudad. Grandes muros de piedra la rodeaban y largos fosos con puentes levadizos fueron construidos en los pasos más accesibles. El interior de la ciudad, con estrechas calles y pórticos que cerraban cada plaza, se convertía en una trampa para el posible invasor. Entre las precauciones adicionales había reservorios de agua y calzadas amuralladas que se comunicaban con fortalezas en los alrededores.

CNCA-INAH-MEX / FOTO: FGV

NUEVAS PIEZAS del arte xochicalca han sido recuperadas recientemente, al concluirse un gran proyecto arqueológico en la zona.

CNCA-INAH-MEX / FOTO: GA

EL JUEGO DE PELOTA OESTE es el mayor del sitio, una calzada lo comunica con la inexplorada Pirámide de la Malinche (al fondo).

Calzada hacia el cerro de la Bodega

Juego de Pelota Norte

Templo de las estelas

Rampa de los Animales

Juego de Pelota Este

Gran Pirámide

Templo de la Serpiente Emplumada

Plaza Central

ACRÓPOLIS

Entrada a los observatorios

GRANDES ESCALINATAS y fuertes terrazas de contención fueron necesarias para adaptar el terreno a las difíciles condiciones topográficas del sitio.

Gran rampa del sur

Juego de Pelota Sur

Plaza de la estela de los dos glifos

Piramide de La Malinche

ILUSTRACIÓN: GRUPO LEHERUA
PROYECCIÓN: FGV

LAS EXCAVACIONES realizadas en Xochicalco han descubierto la mayor parte del área central de la ciudad, una zona de templos, plazas y palacios.

y Xólotl— en su cara principal; en la cara posterior aparecen tres topónimos que podrían indicar una triple alianza.

Otro posible indicador de la división de la ciudad entre tres grupos gobernantes es sugerido por la presencia de tres canchas de juego de pelota, situadas en las zonas bajas de la Acrópolis, al sur, al este y al norte, cada una de forma y orientación distinta.

Coatetelco pudo ser un centro ceremonial secundario, sujeto al dominio de Xochicalco.

En la parte elevada de la acrópolis hay un gran palacio que pudo haber sido la residencia de los gobernantes del lugar.

El Juego de Pelota Sur es el mayor y más bajo de todos, y se conecta por medio de un amplio corredor a una estructura conocida como La Malinche. La cancha cuenta todavía con sus anillos de piedra y tuvo en sus esquinas varias esculturas con forma de guacamaya solar, similares a las halladas en el sitio maya de Copán. El Juego de Pelota Este se ubica detrás del Templo de las Serpientes Emplumadas, cruzando por la Plaza de los Animales, llamada así por una rampa cubierta con imágenes de búhos, aves de rapiña, tigres, coyotes y palomillas, seres predominantemente nocturnos y asociados al sacrificio humano. Uno de los anillos encontrados en este lugar tenía grabados dos tigres y un murciélago, lo que confirma la relación del sacrificio con la cancha.

El Juego de Pelota Norte es inusual por sus altas paredes y por el hallazgo de un temascal y una cisterna. No lejos de ahí, en el mismo nivel de la terraza donde se desplanta la cancha, hay varias cuevas artificiales que terminan en cámaras circulares, algunas de ellas conectadas a la superficie por estrechos tubos verticales. La más famosa de ellas —la Gruta de los Astrónomos— es completamente iluminada durante los días que el sol pasa por el cenit, lo que sucede sólo dos días al año, en los meses de abril y agosto. El reconocimiento de estas fechas era crucial para calcular con precisión los movimientos del sol, Venus y la luna. Es probable que esta cueva funcionara también como observatorio para predecir eclipses y ubicar el principio y fin de los grandes ciclos del calendario, como el siglo indígena de 52 años, cuando se celebraba la ceremonia del Fuego Nuevo. La cueva también pudo ser un lugar sagrado donde el dios solar bajaba al útero de la tierra y la fertilizaba cada abril, posibilitándola para que pudiera dar vida al maíz y las plantas que eran sustento de los xochicalcas. Igualmente las cuevas eran el hogar de Oxomoco y Cipactonal, abuelos míticos del dios Quetzalcóatl, patrono de Xochicalco.

Alrededor del centro ceremonial, en las terrazas bajas, vivía la gente común ocupada en el comercio y elaboración de cerámica y objetos de obsidiana. Los agricultores que sostenían la ciudad debían encontrarse en el valle, puesto que las colinas no eran un buen lugar para los cultivos. Durante el apogeo de

Xochicalco, algunos barrios se levantaron a las orillas de la ciudad, contaban con defensas propias y a veces con conjuntos ceremoniales. Entre los centros menores se cuentan el cerro Temascal, cerro de La Fosa, La Maqueta, Tlacoatzingo y el excepcional recinto amurallado del cerro de La Bodega, que al parecer no estuvo habitado aunque contaba con varias plazas escalonadas y varios montículos. Este recinto estaba rodeado por un fo-

Plazas y montículos se extienden en una pequeña meseta que se localiza inmediatamente al norte de Xochicalco.

Los xochicalcas crearon sistemas que incluían varias plazas escalonadas, delimitadas por templos y separadas por pórticos y columnatas.

so de cinco metros de profundidad y se comunicaba con el centro de Xochicalco por una calzada amurallada.

A PESAR DE TODAS las defensas y de todas las precauciones para evitar una invasión, la ciudad fue tomada e incendiada hacia el año 900 d.C. Así terminó la era de esplendor de la gloriosa Casa de las Flores. Se ha propuesto que fueron los toltecas de Mixcóatl quienes destruyeron Xochicalco, pero hasta ahora no hay huellas de una presencia tolteca en la zona. Una explicación más probable es que la ciudad fuera conquistada por su rival, la enorme ciudad fortaleza de Teotenango, situada al sur del Valle de Toluca, ciu-

CNCA-INAH-MEX / FOTO: FGV

dad que en cierta forma compartía con Xochicalco su sistema de escritura y estilo arquitectónico, su ingeniería defensiva y sus conocimientos astronómicos.

Xochicalco, a pesar de su corta existencia, logró alcanzar un lugar prominente entre las ciudades del México antiguo, y recientemente fue declarada Patrimonio de la Humanidad. De este modo se hizo realidad la profecía de Leopoldo Batres, de 1910: "Estoy seguro de que si algún día se abre una exploración metódica en la zona arqueológica de Xochicalco, la humanidad enriquecerá los anales de su historia con una interesantísima página que revele al mundo la existencia de un gran pueblo perdido en la obscuridad de los tiempos."

LOS SIGNIFICADOS DE LA SERPIENTE EMPLUMADA

NO HAY DEIDAD MESOAMERICANA que haya generado tanta polémica entre los estudiosos del México antiguo como Quetzalcóatl, nombre que literalmente puede traducirse como 'serpiente quetzal', aunque otra de sus lecturas es la de 'gemelo precioso'. La figura de Quetzalcóatl aparece en numerosos relatos míticos en los que realiza funciones muy variadas: Junto con su gemelo Tezcatlipoca separan a la diosa Cipactli para formar con su cuerpo el cielo y la tierra; Quetzalcóatl desciende al Mictlan y roba los huesos de los muertos a los que revive con su sangre. De este modo surgió nuevamente el género humano después de la quinta creación. Este dios fue quien rompió, con ayuda del rayo, la roca donde estaban escondidos los granos de maíz que se convertirían en el alimento de los hombres.

La imagen de la serpiente emplumada es una de las más antiguas de Mesoamérica; aparece en Teotihuacan, Tula, Chichén Itzá y Xochicalco, ya asociada a símbolos distintivos como las estrellas de venus, los caracoles cortados, chalchihuites y conchas marinas. En estas ciudades la serpiente emplumada está claramente ligada a la guerra y el sacrificio humano. Pero el nombre de Quetzalcóatl se identifica también con Ce Ácatl Topiltzin, gobernante tolteca que se negaba a practicar sacrificios humanos, por lo cual es engañado y expulsado de Tula por Tezcatlipoca. Ce Ácatl, arrepentido, se

sacrificará para convertirse así en el lucero de la mañana, para acompañar eternamente al sol en su lucha constante por renacer cada día después de vencer a los dioses de la muerte. Entre los aztecas, Quetzalcóatl aparece relacionado frecuentemente con Ehécatl, dios del viento, a quien se adoraba en templos circulares. Hay algunos puntos en común dentro de los relatos sobre Quetzalcóatl, todos ellos refieren la transformación del mundo a través del sacrificio, que garantiza el renacimiento y la continuidad de la vida sobre la faz del mundo.

CNCA-INAH-MEX / FOTO: FGV

~YANHUITLÁN~
LAS MISIONES DE
LA MIXTECA

Cuenta una antigua leyenda que los primeros gobernantes mixtecos nacieron de unos grandes árboles desgajados que habían crecido en el oculto valle de Yutatnoho, a orillas del río Apoala. Situado al pie de un enorme peñasco —se afirmaba que ahí los primeros dioses habían levantado sus palacios—, el río surgía de una caverna sagrada que aún resguarda un lago subterráneo. Después de un corto recorrido el río se despeñaba por una cascada para internarse en el inmenso cañón del Tomellín, el límite oriental de la Alta Mixteca, una región que bien podría considerarse el centro del mundo mesoamericano.

CHIMALLI DE YANHUITLÁN
CNCA-INAH-MEX / FOTO: FGV

CAPILLA ABIERTA DE TEPOSCOLULA / CNCA-INAH-MEX / FOTO: FGV

ILUSTRACIÓN DIGITAL: CARLOS GREEN

Amplias zonas de la Mixteca Alta se erosionaron al ser despojadas de sus bosques.

La Alta Mixteca es una amplia meseta donde se unen la Sierra Madre Oriental y la Sierra Madre del Sur. La porción más elevada consiste en una sucesión de valles y ca-denas montañosas que culminan en la cumbre del Cerro Negro, lugar donde los mixtecas establecieron un importante santuario. En la época prehispánica la Mixteca alta se conoció como "la tierra de las nubes", y fue tan famosa por sus fríos bosques como por las ricas capitales de los señoríos. Los primeros españoles que visitaron la Mixteca quedaron impresionados por la avanzada civilización que se había desarrollado en esas alturas: "En el camino pasaron tres provincias, de muy hermosa tierra... y de muchas villas y ciudades y otras poblaciones en mucha cantidad, y de tales y tan buenos edificios que dicen que en España no podían ser mejores."

Más allá del mito original, los hallazgos arqueológicos en la región indican que la Alta Mixteca estuvo poblada antes del año

1200 a.C., y que durante la época Clásica ya existían importantes ciudades como Diquiyú o Huamelulpan. Sin embargo, la fama de los mixtecas se asocia generalmente al periodo Posclásico, cuando se desarrollaron en la zona pequeños reinos independientes, en los que las elites dominantes de algún modo estaban emparentadas con grupos toltecas y olmeca xicalanca procedentes del centro de México.

De acuerdo con el mito mixteca, los señores de Apoala se distribuyeron en los cuatro rumbos hasta apoderarse de toda la Mixteca y establecer avanzadas hasta Cuilapan, en el sur del valle de Oaxaca. Con los nuevos gobernantes se desarrolló un nuevo estilo artístico y simbólico en el que destacaban lo mismo delicadas piezas de orfebrería que cerámicas y huesos labrados o pintados minuciosamente. La Mixteca fue también un centro para la ciencia de los calendarios y la escritura jeroglífica. Se conocen al menos ocho códices procedentes de esta región, en los que se narra la vida y las hazañas de los gobernantes, entre ellos el famoso Ocho Venado Garra de Tigre, señor del poderoso reino de

Los códices mixtecos son una muestra del alto nivel de desarrollo cultural que tuvo la región Mixteca en la época prehispánica.

Tilantongo, que logró unificar y conquistar un vasto territorio al sur de la Mixteca.

Los gobernantes y las elites gozaban de un nivel de vida comparable al de las grandes ciudades mesoamericanas. Los grandes señores de Coixtlahuaca, Yanhuitlán, Achuitla, Tlaxiaco o Tilantongo, tenían amplios palacios con aposentos en los que se descansaba sobre cojines forrados con pieles de jaguar. Acostumbraban tomar chocolate y viandas servidas en vajillas de metal, para después solazarse en plácidos jardines en donde cultivaban todo tipo de plantas. A diferencia de los zapotecos, las mujeres de los señores podían gobernar y no estaban obligadas a servir a sus maridos en el hogar; para ello contaban con una servidumbre selecta, formada a veces por los parientes cercanos. Algunas de estas cacicas conservaron su poder incluso después de la Conquista española.

Los reinos de la Mixteca, aunque contaban con una lengua y una cultura común, frecuentemente se enfrascaban en pleitos y guerras por el control de ciertos territorios. Las luchas eran tan habituales que las ciudades se establecieron en lo alto de las colinas y para protegerse usaron fosos y murallas. La fragmentación política hacía vulnerables a los mixtecas. Primero ante los mexicas, que en sucesivas campañas sometieron varios reinos entre los años 1458 y 1504 d.C.; luego, ante a los españoles. La respuesta de las elites mixtecas fue una alianza temporal con los conquistadores, a quienes ayudaron para vencer a sus enemigos zapotecas y mexicas.

L A Conquista transformó de golpe la visión del mundo que tenían los indígenas. Los dioses en quienes creían fueron prohibidos y los ídolos que los representaban destruidos. Con los hombres *Continúa en la pág. 956*

PALACIOS INDÍGENAS, MONASTERIOS CRISTIANOS

L AS FUENTES HISTÓRICAS AFIRMAN que poco antes de la Conquista, la mixteca estaba dividida en varios señoríos independientes que trataban constantemente de acrecentar sus dominios a costa de sus vecinos. Esto se lograba con la guerra, pero también a través de alianzas matrimoniales o con la construcción de santuarios sagrados que dieran prestigio a alguna ciudad cercana. Tales estrategias fortalecieron enormemente a las elites indígenas, las cuales mantuvieron muchos de sus privilegios a cambio de cooperar con los misioneros españoles. Gracias a los caciques fue posible la construcción de los imponentes monasterios dominicos.

EN LA CAPILLA ABIERTA de Teposcolula se predicaba a la multitud indígena, la cual no cabía en los templos.

Coixtlahuaca

Tejupam

Tamazulapan

Yosodaba

San Pedro y San Pablo Teposcolula

Yolomécatl

Huamelulpan

Tlaxiaco

LOS CLAUSTROS Y MONASTERIOS de la Mixteca Alta se encuentran abandonados parcialmente; no obstante, en las ruinas se pueden encontrar bellos rincones.

EL PODER DE LOS CACIQUES en la época colonial es notorio en esta casa de Teposcolula, construida por una mujer mixteca, a semejanza de los palacios prehispánicos.

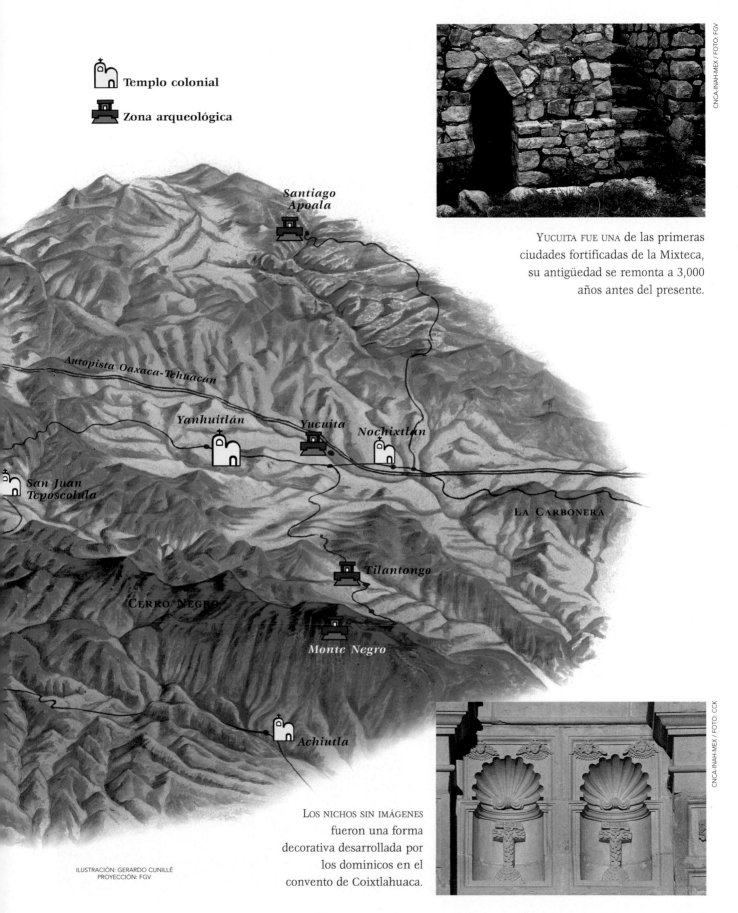

Templo colonial

Zona arqueológica

CNCA-INAH-MEX / FOTO: FGV

Santiago
Apoala

Autopista Oaxaca-Tehuacán

Yanhuitlán

Yucuita

Nochixtlán

San Juan
Teposcolula

LA CARBONERA

Tilantongo

CERRO NEGRO

Monte Negro

Achiutla

ILUSTRACIÓN: GERARDO CUNILLÉ
PROYECCIÓN: FGV

YUCUITA FUE UNA de las primeras
ciudades fortificadas de la Mixteca,
su antigüedad se remonta a 3,000
años antes del presente.

LOS NICHOS SIN IMÁGENES
fueron una forma
decorativa desarrollada por
los dominicos en el
convento de Coixtlahuaca.

CNCA-INAH-MEX / FOTO: CCK

Códices, urnas de barro cocido y esculturas de piedra se han encontrado en las ruinas de Huamelulpan.

blancos y barbados vinieron nuevas y mortales enfermedades y se implantaron nuevas costumbres. Vendrían después el ganado vacuno y caprino, que participarían en la devastación de los suelos de la Alta Mixteca hasta convertirlos en tierras erosionadas e improductivas. Una vez que el antiguo mundo indígena se derrumbó, fue necesario erigir uno nuevo, basado en la fe cristiana traída de Europa.

En las tierras mixtecas fue la Orden de Santo Domingo la encargada de la evangelización. Los dominicos se establecieron ini-

cialmente en Yanhuitlán en 1529, pero la pugna con el encomendero Francisco de las Casas provocó su traslado en 1541 a Teposcolula. Los frailes dominicos eran reconocidos por su férrea defensa de la fe y el dogma católicos; por ello se les otorgaron funciones en la Inquisición. En la orden dominica se educaron pensadores de la talla de Tomás de Aquino y Bartolomé de las Casas, y fueron ellos los primeros en reconocer la racionalidad de los indígenas. Fue precisamente Fray Bernardino de Minaya, uno de los primeros misioneros de la Mixteca, quien convenció al Papa para que emitiera una bula en la que se aceptaba que los indios americanos eran hombres capaces de tener fe en Jesucristo y aptos para la vida civil, lo cual los libró de la esclavitud, aunque no de la servidumbre.

Para iniciar la labor evangelizadora en Oaxaca, los dominicos se embarcaron en un ambicioso proyecto de construcción que incluía la creación de iglesias y conventos en las antiguas capitales de los señoríos mixtecas. A mediados del siglo XVI la población indígena era todavía abundante y las expec-

En Yanhuitlán, los dominicos construyeron el mayor de sus monasterios sobre una gran terraza artificial. Sus fachadas frontal y lateral son una mezcla de elementos góticos y renacentistas, muy populares en el siglo XVI.

tativas de los frailes eran elevadas. Entre 1540 y 1580 los dominicos levantaron imponentes monasterios e iglesias en Yanhuitlán, Tejupam, Coixtlahuaca, Tlaxiaco, Teposcolula, Achiutla, Apoala, Tamazulapan, Nochistlán y Tilantongo, las antiguas capitales de los reinos mixtecas. Muchas de estas edificaciones se ubicaron sobre las plataformas de antiguos templos indígenas, y no era raro que reutilizaran las piedras prehispánicas en las nuevas construcciones.

Una enorme cantidad de trabajo debió invertirse en la obra dominica, pues además de edificar en la escala colosal acostumbrada en los templos del siglo XVI, hubo que reforzar techos y paredes para que resistieran los frecuentes sismos de la región oaxaqueña. Esta titánica tarea no podría realizarse sin la colaboración de los antiguos caciques indígenas, quienes conservaron parte de sus antiguos privilegios, como poder establecer sus mansiones cerca de las nuevas iglesias.

En Coixtlahuaca un palacio indígena se construyó en plena época colonial junto al monasterio, pero sus restos fueron destruidos recientemente para levantar una escuela oficial. En Teposcolula aún se conserva una casa colonial, conocida como la Casa de la Cacica. Decorada a la usanza de los *tecpan* indígenas, subsiste el frente del edificio, y en él un friso en el que se empotraron esculturas de flores y chalchihuites. En excavaciones recientes se encontró un patio mixteca debajo de este edificio. Una situación similar debió existir en Yanhuitlán, donde las fuentes reportan la boda de la cacica doña Inés de Guzmán con el heredero de Tilantongo, ceremonia a la que asistieron 2,000 invitados procedentes de toda la Alta Mixteca. Justamente en Coixtlahuaca, Teposcolula y Yanhuitlán se establecieron los conventos más notables, conjunto que Manuel Toussaint nombró "la trinidad más espléndida de la Mixteca".

YANHUITLÁN SE ALZA INMENSO y solitario junto a la carretera vieja de Huajuapan a Oaxaca. La gran población que tuvo hace siglos desapareció, y quedan tan

El perro guardián con la antorcha encendida, un símbolo críptico que identificaba a los seguidores de la orden de Santo Domingo.

Rosetones, escudos y complejas bóvedas de nervadura fueron construidos para realzar la decoración de los templos.

El escudo de los dominicos
se identifica por la cruz formada
con cuatro flores de lis.

sólo unas pocas casas en un paisaje desolado. En Yanhuitlán se edificó el primero y el mayor de los templos dominicos. Sus paredes se alzaban hasta los 25 metros de altura y las bóvedas debían techar una distancia de casi 15 metros. Iniciada en 1541, la construcción duró 25 años y estuvo inicialmente a cargo de Fray Domingo de la Cruz. En la obra posiblemente participaron Fray Francisco Marín y Antonio de la Serna, quienes se enfrentaron a los problemas técnicos de techar la nave del templo. La solución fue el uso de nervaduras empleadas en las catedrales góticas europeas. En este sistema varios arcos colocados diagonalmente se entrecruzan en una piedra central o clave; con ello se distribuye la carga del techo en las columnas de apoyo situadas en los rincones de la bóveda. Para aligerar aún más el esfuerzo se utilizaron arcos de descarga en las paredes laterales interiores, que estaban conectadas a gruesos contrafuertes por el exterior.

A pesar de todas las precauciones tomadas la estructura se debilitó a causa de los temblores, por lo que se debieron añadir dos gruesos arcos que sostuvieran las paredes. Aparte de los problemas técnicos se realizó un esfuerzo extra para decorar las fachadas

y el interior. Una característica distintiva de los monasterios dominicos de Oaxaca fue su dominio del corte y ensamblado de las piezas de piedra que formaban arcos y portadas. Los constructores de Yanhuitlán se esmeraron en las proporciones de la fachada principal, de estilo renacentista, que estuvo decorada con nichos, columnas y escudos de la orden dominica. En el centro se hallaba la imagen de la Virgen cubriendo a Santo Domingo. Por el contrario, la fachada lateral cuenta con varios elementos góticos y medievales, entre ellos un rosetón y una ventana dividida por columnas.

Si las portadas son notables, el interior es una joya única del arte novohispano: el altar principal, compuesto a manera de biombo, contaba con siete secciones verticales o calles, y cuatro secciones horizontales o cuerpos. En los 28 espacios resultantes se acomodaron 17 pinturas y 20 esculturas que representan a doctores, apóstoles y predicadores de la Iglesia católica. Este altar es uno de los pocos ejemplos de retablos del siglo XVI que aún se conserva —aunque modificado en 1720—; se cree que fue realizado por Andrés de la Concha y Simón Pereyns, afamados artistas europeos contratados por los dominicos para que decoraran sus templos. El altar se inserta en un enorme arco triunfal decorado con un complejo patrón de listones entrelazados, entre los cuales se destacan cuatro esculturas de gran tamaño. La decoración interior se completa con varios

El gran atrio de Teposcolula permitía que todos los indígenas de la zona pudieran ver los actos religiosos que se realizaban en la capilla abierta.

retablos laterales, un órgano y un artesonado. Además del templo conviene visitar el antiguo claustro, austero pero perfecto en las medidas de sus columnas toscanas y sus bóvedas de piedra. La sencillez nos recuerda los antiguos monasterios medievales de Italia, sensación que se acentúa al observar parte del convento ahora en ruinas.

Hay que tomar un entronque pocos kilómetros al norte de Yanhuitlán para retomar el camino hacia San Pedro y San Pablo Teposcolula. Antes de llegar nos podemos acercar al abandonado convento del pueblo de San Juan Teposcolula. La construcción que hace única a la primera Teposcolula es su gran capilla abierta, la más impresionante de la Nueva España. Concebida para oficiar la misa frente a una multitud de indígenas concentrada en el atrio, la capilla abierta aquí deja de ser un anexo de la iglesia para convertirse en la construcción principal. Casi tan alta como el templo que la acompaña, la capilla tiene una gran bóveda central sostenida al frente por imponentes columnas y arcos decorados con casetones adiamantados y cornisas con dentículos, una característica común en todas las construcciones dominicas de Oaxaca. La bóveda hexagonal construida con nervaduras se complementa con dos coros laterales techados con vigas de madera, y desde los cuales los indígenas hacían su música para las danzas y celebraciones. Para evitar el derrumbe de la bóveda central fue necesario añadir dos contrafuertes que acentúan la majestuosidad de la obra en conjunto.

Se sabe por un pleito judicial que Andrés de la Concha construyó un costoso retablo y un par de puertas especialmente para la capilla abierta en 1578. Comparada con la perfección del corte de la piedra de la capilla, la fachada del templo se antoja tosca y descuidada, pero no deja de tener su encanto. El interior del templo cuenta también con un órgano tubular y varios retablos barrocos dignos de verse por la complicada ornamentación de los estípites, lograda con follajes dorados. También son dignas de admirarse varias pinturas atribuidas a Simón Pereyns y Andrés de la Concha.

El claustro es aún más austero, de un solo piso. Se accede por una portería de doble arco, labrada con motivos de inspiración indígena, una de las pocas concesiones que

CNCA-INAH-MEX / FOTO: FGV

Tejupan es un ejemplo
de los conventos e iglesias
que merecen visitarse.

Pinturas alusivas a la vida
y milagros de Santo Domingo
fueron colocadas en corredores
y claustros de los
monasterios mixtecos.

CNCA-INAH-MEX / FOTO: CCK

los dominicos hicieron a los constructores nativos. A un lado de la portería se encuentra la entrada a la capilla de Santa Gertrudis, obra también de indígenas en la que se conservan varias imágenes sagradas cubiertas por una baja bóveda sostenida por dos gruesas columnas salomónicas. Teposcolula parece ser el caso de un convento diseñado por europeos para satisfacer las demandas particulares de los indígenas, lo que habla del considerable poder que aún acaparaban la elite local. Al poniente del poblado, la Casa de la Cacica es un ejemplo único de arte civil colonial que conservó el estilo y la decoración de los palacios prehispánicos.

Viajar a Coixtlahuaca es regresar a la arquitectura ortodoxa de los dominicos. La fachada principal del templo, concluido en 1576, es un catálogo del estilo que caracterizó a dicha orden: uso repetitivo de nichos para crear claroscuros, grandes rosetones decorados con flores, medallones con imágenes de santos y el emblema dominico de cruz hecha con flores de lis. Los arcos cuentan con casetones y el escudo real de la Casa de Austria colocado encima de la puerta. La fachada lateral añade las imágenes de Santiago, San Pedro y San Juan Bautista, compañeros de Cristo, así como los símbolos de su juicio y crucifixión. A un lado de la portada lateral quedan restos de lo que fue la capilla abierta, destruida en parte por los sismos. Se conserva todavía el arco principal, de-

corado con flores y serpientes y elementos vegetales en una extraña mezcla de estilos indígenas y medievales.

El interior del templo, similar en su concepción arquitectónica al de Yanhuitlán, es notable por un sinnúmero de detalles, entre ellos sus bóvedas con nervaduras pintadas —especialmente las que se hallan debajo del coro—, por la entrada al bautisterio, por su altar barroco que cuenta con algunas de las mejores pinturas novohispanas, obra del sevillano Andrés de la Concha. Del claustro y las instalaciones conventuales sólo quedan algunos cuartos y corredores techados; pero aun las áreas arruinadas, con sus gruesos muros, pasadizos y ventanas, hacen volar la imaginación.

Son los monasterios de Yanhuitlán, Teposcolula y Coixtlahuaca los que han dado fama al arte colonial de la Alta Mixteca; sin embargo, toda la región guarda tesoros artísticos en sus múltiples iglesias: Tejupan, monasterio del siglo XVI, aunque no tan espectacular, tiene una agradable fachada y varios retablos barrocos de gran calidad; Achiutla, gran convento parcialmente abandonado, tiene pinturas coloniales de valor y un atrio con cruz central y capillas posas; Tlaxiaco, uno de los pocos casos en que el convento se convirtió en el centro de una importante ciudad con bellos edificios porfirianos; Santiago Teotongo, iglesia del siglo XVII con 11 retablos barrocos.

Capilla popular al lado de la iglesia de Teposcolula.

Imagen de un santo dominico en la portada de un templo.